The
Fine Art
of
Small
Talk

总有话说

[美] 黛布拉·法恩 ○著　木木 ○译

DEBRA FINE

图书在版编目（CIP）数据

总有话说 / (美)黛布拉·法恩著；木木译.
北京：中信出版社, 2024.11. (2025.2 重印)
ISBN 978-7-5217-6891-6

I. C912.13
中国国家版本馆 CIP 数据核字第 2024Z2F653 号

The Fine Art of Small Talk by Debra Fine
Copyright © 2005, 2023 by Debra Fine
Published in arrangement with The Fielding Agency, LLC through The Grayhawk Agency Ltd.
Simplified Chinese translation copyright © 2024 by CITIC Press Corporation
ALL RIGHTS RESERVED
本书仅限中国大陆地区发行销售

总有话说
著者：　　［美］黛布拉·法恩
译者：　　木木
出版发行：中信出版集团股份有限公司
　　　　　（北京市朝阳区东三环北路 27 号嘉铭中心　邮编　100020）
承印者：　三河市中晟雅豪印务有限公司

开本：880mm×1230mm 1/32	印张：8.75　　字数：157 千字
版次：2024 年 11 月第 1 版	印次：2025 年 2 月第 2 次印刷
京权图字：01-2024-3673	书号：ISBN 978-7-5217-6891-6

定价：48.00 元

版权所有·侵权必究
如有印刷、装订问题，本公司负责调换。
服务热线：400-600-8099
投稿邮箱：author@citicpub.com

致杰瑞德·法恩·霍尔斯特和莎拉·法恩·里格斯,
你们给了我灵感和动力。
致史蒂夫·提利斯,
你是我飞翔时振翅的风。

前言

我刚开始从事帮助别人提高说话技能的工作时,遭到了很多质疑。有些公司管理者对此嗤之以鼻,觉得这是家庭主妇为了打发无聊才学的。我还接到过很多人打来的秘密求助电话,他们说不想让别人知道自己在学习说话,觉得很尴尬。

读书时的我是一个身材肥胖、沉默寡言、坐在教室后排无人理睬的女孩。因为长得胖,我经常被同学排挤。我印象最深的一件事是小学三年级的时候,我们班的丽塔举办生日聚会,她邀请了班上所有的女生,只有我和另外一个胖女孩被排除在外。那次经历给我造成了深深的伤害,从那以后,我把自己彻底封闭起来,只埋头读书,再也不愿与人来往。我不知道如何交朋友,如何与别人建立友谊,因为从来没有人教过我怎么和同龄人交谈。

毕业之后,我选择了一份不需要和别人有过多交流的工作,成为一名工程师。这对我来说是最完美的选择，因为做工程师只要求专业技术过硬，几乎不需要社交。我在公司里经常当众演示PPT，或者解答技术问题，这些我都能轻松驾驭——只要有专业能力就足够应对。可是，当我要去参加行业会议时，我就不得不和同行交流互动，还要建立关系网，和客户沟通。在这种场合，我总是感到很恐慌。每见到一个人，我就问他："你是做什么工作的？"这是我唯一知道的开启对话的方式。交换完职业信息之后，我就不知道该说些什么了，对话开始陷入尴尬的冷场。所以，我总是极力避免参加这种社交活动，如果实在躲不过去，我就干脆迟到早退，到了会场之后，还要暗自祈祷那些特别会聊天的社交达人能主动走过来找我说话。

做工程师的时候，我就打算好好磨炼说话技能。后来我辞职了，生了两个孩子。在那段时间，我下定决心改变，我不想再因为身材肥胖而自卑。我减重58斤，形象有了很大的改善，我开始想要交朋友，想要社交，想和大家一起享受美好生活。我知道，要想实现这些目标，必须提高社交技能。于是，我开始注意观察那些会聊天、会说话的人，看看他们都使用了哪些技巧，然后一点点地模仿。

离婚后，我学习说话的动力更强了。我意识到，如果想认识新人，就必须开始社交。那时我快 40 岁了，已经离开原来的专业领域好多年，需要认识一些新朋友。这听起来难度挺高，但我感觉，掌握说话技巧应该不是太困难的事，我曾经观察到那么多人都能做得很好，我一定也可以。我给自己定了一个小目标：首先做到和别人持续交谈的时间超过 5 分钟。

我的第一次说话实践就取得了成功，甚至可以说改变了我的人生。那天我和闺密一起去酒吧喝酒，邻桌的一个男人一直在往我这边看，但是没有过来搭话。闺密鼓动我说："快过去跟他聊几句。"我说："啊，不不不。我不知道该跟人家说什么。要是他想认识我，应该早就过来了。"闺密不肯放弃，还是一个劲地鼓励我，我实在拗不过她，只好硬着头皮走过去做自我介绍。

我的心扑通扑通直跳，几乎盖过了我向那个男人（现在我知道他叫雷克斯）打招呼的声音。他帮我拉开椅子，说很高兴认识我。从那天起，我们成了朋友，开始约会。我了解了很多关于雷克斯的事情，最重要的收获是，我知道了那天在酒吧他为什么没有先过来找我。之前我一直认为一定是我的某些缺点让他却步，可能是因为我个子太高，或者我太胖了，或者我不是他喜欢的类型。其实我大错特错，根本不是我的原因，而是因为他很害羞，不敢主动接近我。

这件事彻底改变了我的观念。我第一次意识到，别人不主动，并不意味着我没有吸引力，有可能他只是和我一样社恐，不敢主动搭话。如果闺密当时没有坚持鼓励我，如果我最终没有鼓起勇气走过去，我就永远不会认识我生命中这个重要的男人。虽然我没有和他结婚，但他成了我最亲密的朋友之一。

那次经历改变了我，让我充分认识到会说话是一种多么重要的技能，它可以成为与人建立联系的最佳工具。从那时起，我开始学习说话技能，并以此为事业，帮助更多像我一样的人锻炼和提高，我把这门课称为"说话的艺术"，在整个美国以及世界各地进行推广。在这个过程中，我认识了很多有趣的人，也交了许多朋友，这些独具个性的人让我的每一天都充满惊喜和收获，让我的人生变得更有意义。我还开启了全球演讲和培训业务，与大家共同研究、切磋说话技巧。

我写这本书的目的是把我学到的东西分享给读者，让更多的人掌握说话技能并从中获益。这本书中的建议、策略并不是只针对社恐人士，而是适用于所有人。我认识的一些销售人员很擅长在商务场合向人介绍产品，但在参加社交活动时却紧张局促，手足无措。有些全职妈妈和闺密聚会时聊得很欢乐，但去学校接孩子时，不知道怎么和其他家长聊天，交朋友。我还认识一个医到别人示好之后才对他表示友好。

□是 □否

6. 如果有人问我最近过得怎么样，我不会回答"还行"，而是会给他讲讲最近发生的一些新鲜事。

□是 □否

7. 在会议、聚会、招聘会这样的场合，我会主动向陌生人介绍自己，离开时至少知道三个新认识的人的名字。

□是 □否

8. 参加线上会议时，我不会关闭摄像头，除非有特殊情况不允许视频。我会展现积极的肢体语言，和大家保持眼神交流，同时认真倾听别人的发言。

□是 □否

前面测试中这几项，你做得怎么样？如果你掌握了说话的技巧，相信你就能够：

- 建立合作关系
- 交到朋友
- 与心仪的人约会
- 找到工作

好啦，闲聊到此为止，让我们进入正题吧！

目录

001 ··· 第一章　会说话有多重要

闲聊有着极其重要的作用，没有闲聊作为开场，你很难进入正题。闲聊可以打破僵局，为更亲密的交谈做好铺垫，为更牢固的关系奠定基础。没有闲聊，我们就无法建立融洽的关系，也无法保持长久的联系。擅长闲聊的人都是社交高手，能让别人感觉很舒服，觉得自己被看见，被倾听，被重视。学会闲聊，可以帮助你实现商业合作，达成交易，收获美好的恋情或交到好朋友。

013 ··· 第二章　请忘掉妈妈的忠告

等待会让你失去宝贵的时机，你必须主动。不要再浪费时间左思右想了。你觉得只要坐在那里等着，别人就会自动走过来向你做自我介绍？那是不可能的。为了更轻松一点，我们都会习惯性地去找自己认识的人，比如同事、朋友、客户，甚至是竞争对手，因为和这些人相处很自在。大家参加同样的活动，讨论着同行业的话题，努力接触同样的决策者，这样做的结果就是，我们交了钱，参加了活动，无须冒任何风险，联系的都是早就认识的人，完全忘了此行的目的是建立新的人脉。

033 ··· **第三章　聊天没你想的那么难**

我们天生就擅长完成任务：打扫房间、给植物浇水、制作PPT、做项目管理、接送孩子、辅导孩子学习……我们不一定喜欢所有的任务，但一定会认真完成。那么，从这一刻开始，把社交当成要完成的任务吧。

045 ··· **第四章　别让对话掉地上**

使用破冰问题不仅能开启对话，而且还会引出其他话题，让对话持续下去，不掉地上。尽量避免只使用陈述句——这就像闭着眼睛把"对话球"扔出去，不知道它会落在哪里，也不知道它能否被扔回来。

057 ··· **第五章　打开别人的话匣子**

如果不想让对话迅速结束，当对方回答完一个问题后，你就要再问一个深入探询的问题，这样对方就能知道你有兴趣听到更多。深入探询的问题表明你真的渴望得到回应，并且准备花时间倾听。

077 ··· **第六章　不仅要听，还要让别人知道你在听**

倾听不仅仅是听，还是参与程度的体现，不是你能复述一遍对方说的话就代表你真的在倾听。面对面交流时，语言传递的信息量大约占总信息量的35%，剩下的都通过非语言交流的方式完成，比如表情、仪态和动作。

101 ··· 第七章　提前准备，就不会冷场

如果你是和以前见过面的人再次相会，可以回忆一下你们之前聊天时提到的细节。不要等对话冷场时再回忆这些细节，而是要提前做好准备！

129 ··· 第八章　不怒自威的说话方式

与人交谈时不能咄咄逼人，但要坚定自信，掌握主动权。回想一下：你是不是经常说一些模棱两可的话，表现得很怯懦软弱、摇摆不定？你在对话中使用的词语可能会传达出你并不希望传达的信息。

137 ··· 第九章　你是对话杀手吗？

每个人都有人性的弱点，都可能会犯某种对话错误，如果你把自己说的话录下来，就能发现问题。

169 ··· 第十章　恰到好处的安慰

我们的本意是为痛苦的人抚平伤痕，帮助他们走出痛苦。我们总是试图帮他们理性地分析现实，而不是给予共情和理解。我们没有意识到，有些字眼和说法对于正处在悲伤中的人来说极其刺耳，会加剧他们的痛苦。

175 ··· 第十一章　不想聊了，如何得体地结束对话

我们结束对话的方式会给别人留下持久而深刻的印象，所以

XIII

要学会礼貌得体地结束对话。做起来并不难，而且都是基本礼仪，却很少有人能做到，所以要经常练习，直到你可以轻松地结束对话。学会这种技能可以提升你的自信。当你变得更加自信之后，你就会成为更受欢迎、更有吸引力的交谈对象。

191 ··· **第十二章　成功对话的 45 条准则**

在参加活动、会议，去面试或约会之前，可以在脑子里过一遍下面的提醒清单（提前记在手机备忘录里）。要利用好每一次会议、午餐或聚会时的社交机会。

199 ··· **第十三章　充分利用每一次社交机会**

在尴尬的社交聚会、无聊的商业活动或严肃的面试中，一次愉快的聊天能够将这些具有挑战性的场景转化为获得成功的机会。无论是在商务场合还是在其他社交场合，聊天都能使我们更紧密地联系在一起。

209 ··· **第十四章　会聊天，让单身生活更精彩**

如果你有交友需求，别犹豫，告诉你的朋友，请朋友帮忙牵线搭桥。我们要把每一次对话都当成与人产生连接的机会，不要因为对方不是你喜欢的类型或者和你爱好不同就拒绝和他／她交流。这个人可能会成为你的朋友，并介绍你认识你未来的伴侣。

237 ··· **第十五章　怎么说话让别人感觉更好**

无论你身处多么艰难的时期，都不要忘记多与人联系，好好维护和发展人际关系。无论你是想找一份新工作,还是想建立人脉,获得职位,交到新朋友,给别人留下好印象,都要注意多提供情绪价值,然后就可以享受随之而来的成功了。

245 ··· **第十六章　别让不会说话毁了节假日聚会**

不要多管闲事,不要评判别人,不要自作聪明,更不要对与你无关的事情指手画脚。

253 ··· **第十七章　从"社恐"变成"社牛"的秘诀**

从现在开始,你就是一个"社牛","会说话"是你天然的优势。如果想提高说话水平,秘诀只有一个:多多练习。

259 ··· **致谢**

| 第一章 |

会说话有多重要

闲聊有着极其重要的作用,没有闲聊作为开场,你很难进入正题。闲聊可以打破僵局,为更亲密的交谈做好铺垫,为更牢固的关系奠定基础。没有闲聊,我们就无法建立融洽的关系,也无法保持长久的联系。擅长闲聊的人都是社交高手,能让别人感觉很舒服,觉得自己被看见,被倾听,被重视。学会闲聊,可以帮助你实现商业合作,达成交易,收获美好的恋情或交到好朋友。

在邻居、熟人和同事看来,社恐的表现意味着疏远、冷漠和高傲。

你开车进入停车场，关掉引擎，呆呆地坐了一分钟，你很焦虑，不知道接下来的两个小时该如何度过。有位重要的客户在市中心的新办公室开张，邀请你参加庆祝活动。你讨厌这种场合，到了那里你不知道该说什么，除了客户，你谁都不认识。你不想让自己看起来茫然无措，所以你只能不停地吃吃喝喝，假装很忙碌的样子。你知道自己别无选择，必须参加这个活动。你把身子埋进驾驶座，感到万分苦恼，不知接下来要在那里熬多久。待30分钟够不够？如果中途离场，会不会得罪客户？你真想找个借口早点离开。要不让朋友在约定好的时间给你打电话，就说有急事找你，比如孩子有点不舒服，需要你马上来？你现在如此焦虑，说不定真的会生病，这样你就更有理由脱身了。

我们每天至少会进行十次以上非正式的对话——在去办公室的路上，在课外班门口等着接孩子下课，和同事一起坐电梯，周末去公公婆婆家，参加行业会议，请客户吃饭……能想到的场景数不胜数！对有些人来说，虽然经常要和人说话，但并没有觉得说话这个事很轻松，反而加深了恐惧感，更害怕社交，害怕应酬，害怕开会，甚至害怕碰到邻居。更不幸的是，在邻居、熟人和同事看来，这种社恐的表现意味着疏远、冷漠和高傲。

还记得桑顿·怀尔德（Thornton Wilder）的话剧《我们的小

镇》（Our Town）吗？其中有一幕是，在儿子举办婚礼的那天早上，弗兰克·吉布斯向妻子坦白，他不知道该如何与新娘寒暄。他说："我担心，我的聊天素材只够维持几个星期。"看来，提高说话能力并不是现代社会才有的需求。

如果你和别人刚聊几句就陷入冷场，或者你很抗拒参加社交活动，那么你可以读读这本书。这本书将帮助你掌握说话技巧，让你在任何情况下都从容自信。多加练习，你就能彻底摆脱社交恐惧症。读完这本书，你会有以下收获：

- ✓ 与任何人都能轻松自如地聊天。
- ✓ 不让任何一句话掉地上。别人把天聊死，你还能救回来。
- ✓ 从上一个话题很自然地过渡到新的话题。
- ✓ 不再畏惧社交活动、聚会和商务晚宴。
- ✓ 从容应对尴尬和令人不舒服的对话。
- ✓ 在线上会议中发挥自如。
- ✓ 发展更多客户，与之建立合作关系。
- ✓ 不想继续聊天时，能得体地结束对话。

会说话都是练出来的

人们总是觉得，和正式的对话相比，非正式的对话，也就是闲聊，显得非常微不足道。其实闲聊有着极其重要的作用，没有闲聊作为开场，你很难进入正题。闲聊可以打破僵局，为更亲密的交谈做好铺垫，为更牢固的关系奠定基础。在我看来，闲聊就像上主菜前的开胃小菜，是建立所有关系必不可少的环节。无论是合作关系、恋爱关系还是普通的人际交往，一段关系要么是从闲聊开始，进入更深刻的对话；要么是从正式对话开始，比如销售推荐产品、商务谈判、相亲时的互相介绍，然后再借助闲聊让对话变得更有价值，充满温情。没有闲聊，我们就无法建立融洽的关系，也无法保持长久的联系。擅长闲聊的人都是社交高手，能让别人感觉很舒服，觉得自己被看见，被倾听，被重视。学会闲聊，可以帮助你实现商业合作，达成交易，收获美好的恋情或交到好朋友。

好消息是，任何人都可以学习说话技巧。不要以为那些面带微笑、侃侃而谈的人都是天生那么会说话。当然，有些人确实天生能说会道，但大多数人是努力训练出来的。你不相信吗？就拿我来说，我曾经是个书呆子，性格极其内向，从事的又是不需要与人打交道的工程师工作，没有人比我的社交能力更差。而我通过苦练说话技能，成功地从社恐变为社牛。我可以做到，你也一定可以的。

我们都需要学习如何与陌生人和熟人交谈，因为从来没有人教过我们这项技能，当我们陷入对话困境时，也无法依靠本能扭转局面。

来自克利夫兰的律师马克·麦考马克（Mark McCormack）创立了美国最早的体育管理经纪公司之一，他曾经说过："在所有条件都相同的情况下，人们会从朋友那里买东西。如果条件不同，人们还是会从朋友那里买东西。"交朋友很重要，更关键的是，我们要培养友谊，而不仅仅是在通讯录上添加几个新的联系人。

大约 40 年前，约翰·奈斯比特（John Naisbitt）在他的《大趋势》（*Megatrends*）一书中预言："高科技 / 高接触将会是人类未来生活的方向之一。科技越发达，我们就越需要多多接触。"科技发展到今天，我们与同事和朋友更多是通过电子邮件、手机进行交流，而不是面对面交流，这些是当年的奈斯比特无法想象的。我们打开车库门就能直接走进家门，完全不需要和邻居互动。我们坐电梯、乘地铁时都戴着口罩，看不到彼此的表情。这些新的生活、工作和通勤方式将会使我们与他人的连接进一步减弱。

由于害怕被拒绝，我们不知道该如何与陌生人开启对话；出于对他人隐私的尊重，我们也不敢过多询问对方的生活细节，导致对话无法持续，聊着聊着就无话可说。然而，我们仍然渴望"高接触"，想要拓展人际关系，因此，"说话的艺术"将成为每个人的必修课。

要成为一个会说话的人，需要做到两点。第一，主动承担风险。是否要冒险与陌生人开始对话，取决于我们自己，我们不能指望别人主动开口。相反，即使我们很害羞，也要主动迈出第一步。在某种程度上，每个人都害怕被拒绝。我们要提醒自己，生活中还有许多比在社交活动、相亲局、聚会或行业会议上被人拒绝更可怕的事。第二，主动承担责任。每个人都应该主动承担起对话的责任。我们有责任提前准备一些适合聊天的话题；我们有责任记住别人的名字并把他们介绍给其他人；我们同样有责任主动缓解对话中的尴尬、拯救对话中的冷场。大多数人希望由别人来做这些事，那么从现在开始，我们就来主动承担起让他人感到舒适的责任。如果别人与我们相处时觉得很舒服，那么他会更乐于与我们合作或建立友谊。

说话事小，作用甚大

会说话对于建立和维护合作关系至关重要。在业务会谈开始之前和结束之后，如果你能和客户闲聊几句，拉拉家常，你们的合作关系就会充满人情味。投资者在选择理财规划师时，既会考虑他的专业能力，也会考虑他是否能让自己感到安全和舒适。如果你是患者，你一定希望医生能说一些抚慰人心的话。理发师大多擅长和顾客聊天，因为他们知道，顾客在椅子上坚持坐一个多小时很不容易，愉快的聊天会让这段时间变得不那么难熬。

我们愿意把钱花在哪里，或多或少与对话制造的氛围有关。一般来说，我们花钱有两个目的：

1. 解决问题或满足需求。 比如，你去饭店吃饭，这样就不用自己做饭了；你请了一个保姆，这样你下班后就能轻松一些；你请小时工来打扫卫生，这样你就能有更多的自由时间；你把某些工作外包出去，这样你的团队就能集中精力完成更重要的工作。

2. 获得美好的感受。 虽然附近的另一家银行能开免费支票账户，我的邻居苏珊仍然坚持在现在这家银行开户，只因为这里的工作人员说话非常暖心。我的朋友文斯搬到了城市的东边，但他仍然会开车回到以前住的社区，带他的狗去看兽医。因为他不习惯去其他地方,他只喜欢以前那个兽医。

会说话的人能够带给别人最渴望拥有的美好感受,所以,买家选择在哪里花钱,主要看和哪个卖家关系更融洽。开家长会之前,家长先和老师单独聊聊,就能拉近关系。房产中介和购房者闲聊几句,就能更深入地了解对方的需求,成功签单。哪怕只是随意地聊几句,也会让你的潜在客户更容易记住你,而不是你的竞争对手。

生存不易,我们每天听到的坏消息总是比好消息多,所以我们更加需要在对话中感到被认可、被倾听、被接纳,就像与好朋友、伴侣对话时获得的感觉。我们更愿意从亲切、友好、充满关爱的人那里购买商品和服务,以换取愉悦的感受。公司选择供应商,主妇去菜市场买菜,大大小小的购买决策都会受到双方建立的融洽关系的影响。研究表明,许多人投票给某位候选人也是出于同样的原因——他让人产生好感,不管他是不是最符合条件的候选人。

话语的神奇力量

高效的管理者会在开会前闲聊几句活跃气氛,为后面更有意义(也许是更严肃)的讲话做好铺垫。非正式的对话和破冰活动都有助于建立融洽关系,增强团队凝聚力。

通过锻炼说话技能,还可以改善与孩子的沟通。你会意识到,父母最常问孩子的问题是:"今天在学校表现怎么样?"其实这个问题不利于开启对话,因为孩子的回答通常只有两个字,"挺好"或者"还行"。你应该避免问这种两个字就能把你打发了的问题,而是问一个开放式问题,比如:你今天在学校都学到什么了?你在班里跟谁最要好呀?你为什么喜欢他呀?

不要小看说话,它对个人生活以及职业发展都极具价值。我们首先要知道说话的重要性,只有认识到它的作用,你才会更有动力学习。学习说话可不只是为了多推销出去几件产品,会说话就像多米诺骨牌一样,能够引发连锁反应,对你生活的方方面面产生积极影响。

这本书里有很多方法和示例,帮助你掌握高情商的说话技巧。你不一定会因此而喜欢上社交,但你可以拥有在社交活动中谈笑自若、从容不迫的本领。你可能像我一样,还是更喜欢独自待在家里看一本好书，而不是硬着头皮去参加社交活动。可以想象，要走入一间全是陌生人的房间，并且还要和他们寒暄交流，这需要多少勇气和决心。但现实是，有些活动可以推掉，有些活动必须参加，就像俗话说的，人在江湖，身不由己。所以，我们不妨把这些活动看成学习的机会，充分利用每一次机会，提高说话水平。当你读完这本书的时候，你就可以灵活运用说话技巧，在任何场合都能成为让人如沐春风的社交达人。

生存不易，我们每天听到的坏消息总是比好消息多，所以我们更加需要在对话中感到被认可、被倾听、被接纳。

| 第二章 |

请忘掉妈妈的忠告

等待会让你失去宝贵的时机,你必须主动。不要再浪费时间左思右想了。你觉得只要坐在那里等着,别人就会自动走过来向你做自我介绍?那是不可能的。为了更轻松一点,我们都会习惯性地去找自己认识的人,比如同事、朋友、客户,甚至是竞争对手,因为和这些人相处很自在。大家参加同样的活动,讨论着同行业的话题,努力接触同样的决策者,这样做的结果就是,我们交了钱,参加了活动,无须冒任何风险,联系的都是早就认识的人,完全忘了此行的目的是建立新的人脉。

胆怯和傲慢的意思完全相反,但外在表现是一样的。通常情况下,人们会往坏的方向揣测。因为不敢说话而被人认为是傲慢或自命不凡,这将让你付出巨大的代价。

小时候,父母灌输给我们很多观念,随着我们长大成人,有些观念已经不再适用,可我们还是会受到童年记忆的影响。还记得吗?童年时父母曾经教导过我们:

- 不要和陌生人说话
- 先等别人做自我介绍
- 沉默是金
- 好事常发生在耐心等待的人身上

这些忠告对童年时的我们或许很有帮助,能够确保我们的安全,也教会了我们礼仪。但现在我们是成年人了,主动认识新人并不会对我们的安全构成威胁。而且,我们已经懂得了基本的社交礼仪,现在可以用针对当下情况的建议替代那些传统忠告了。

在安全的情况下，可以主动和陌生人交谈

为了扩大你的朋友圈，发展合作伙伴，你必须主动与陌生人交谈，除此之外没有其他方法。陌生人有可能成为好朋友、长期客户或重要合作伙伴，给你带来新的体验，带你认识更多的人。我们要把陌生人看作打开生活的另一扇门的人，而不是需要小心提防的人。

主动介绍自己

还记得上一次别人把你介绍给其他人是什么时候吗？事实上，在参加聚会的时候，主人很少会花时间向在场的宾客特别介绍一下你。你一定参加过这种活动：有个重要客户邀请你去他的新品发布会，到场之后，客户会和你打个招呼，帮你收好外套，然后寒暄一分钟，给你介绍一下会场里的自助餐，就匆匆离开去迎接下一位客人了。你尴尬地站在一盘大虾和鸡尾酒旁边，环顾房间，没有一个你认识的人。如果等客户回来把你介绍给其他人，估计你今晚唯一的交流对象就是盘子里的大虾了。

时代在变。现在，你需要主动社交，主动自我介绍，主动去认识其他人。正如棒球运动员贝比·鲁斯所说："不要因为害怕被淘汰而裹足不前。"请记住，即使是你最亲密的知己，曾经也是一个陌生人。大胆一点，走向某人，对他做自我介绍，和他握手，看着他的眼睛，微笑着说："你好，我叫黛布拉·法恩，我是……"

有这样一首小诗，描述了我们都曾经历过的场景。

我的内心戏

我在联谊会上看到了你，

但你没跟我打招呼，

你只顾着和朋友聊天。

我感到很孤独。

身边的人往来穿梭，

没有人停下来和我说话。

真该死！

你就不能冲我点头笑一笑，或者过来握个手，

然后再去找你的朋友聊天吗？

如果下次再有机会参加招待会、婚礼或其他社交活动，你可以找一个看起来易于接近的人，走过去找他聊天，也许那个人和你一样，正感到很孤独、很不自在呢。

沉默绝不是金

忘掉那句"沉默是金"的忠告吧。我第一次意识到保持沉默的负面作用，是在我做工程师的时候。我和一个同事有同样的学历、同等的资历，工作能力也不相上下，可是她比我外向，又很健谈，从市场营销部、人力资源部、质量控制部的同事到公司总部的高管都知道她。我们的直属领导也注意到了她，经常肯定她的工作。可想而知，在公司有升职机会的时候，她得到了晋升，而我没有。因为我过于沉默，根本没人关注我。

后来，我又一次因为沉默付出了高昂的代价。我的朋友乔尼是一家世界 500 强公司的大区经理，她总是拉着我参加她公司的活动，每次活动都能看到她的老板——高级副总裁鲍勃。我很钦佩鲍勃的沉着干练，他能轻松自如地和每个人侃侃而谈。鲍勃的气场太强大，让我有点怯场，所以尽管我很崇拜他，却不敢和他说话，当他走近我时，我甚至会因为太紧张而说不出话来。

后来我转到工程销售部，我打电话给鲍勃，重新介绍自己，并向他推荐我们公司的服务。还没等我说完，鲍勃就生气地大吼道："我真不敢相信你会打电话给我。我们在活动中见过十几次了，可是你每次都对我不理不睬。你是我见过的最势利眼的人，我没兴趣跟你们公司合作。"

他的反应令我震惊。我从来没想到自己的胆怯会被误认为是傲慢。虽然胆怯和傲慢的意思完全相反，但外在表现是一样的。通常情况下，人们会往坏的方向揣测。因为不敢说话而被人认为是傲慢或自命不凡，这将让你付出巨大的代价。主动开口找人说话吧，让别人看到你真正的个性。你不是也很欣赏别人在对话中付出的努力吗？现在，请尝试着自己做出同样的努力。记住，与长辈的忠告恰恰相反，沉默绝不是金。

好事常发生在主动出击的人身上

等待会让你失去宝贵的时机，你必须主动。不要再浪费时间左思右想了。你觉得只要坐在那里等着，别人就会自动走过来向

① 那是我的老板鲍勃,你应该去打个招呼!

② …… ……

③ 嗨,鲍勃,你还记得我吗?我这次打电话过来是想介绍一下我们公司的服务……

④ 你是我见过的最势利眼的人,每次我们在活动中见面你都对我不理不睬!我没兴趣跟你们公司合作!

你做自我介绍？那是不可能的。为了更轻松一点，我们都会习惯性地去找自己认识的人，比如同事、朋友、客户，甚至是竞争对手，因为和这些人相处很自在。大家参加同样的活动，讨论着同行业的话题，努力接触同样的决策者，这样做的结果就是，我们交了钱，参加了活动，无须冒任何风险，联系的都是早就认识的人，完全忘了此行的目的是建立新的人脉。

主动出击能带来很多好处。如果你能在参加家长会或者陪孩子上课外班时主动结识其他家长，与他们多聊聊，就能更深入地了解孩子以及老师的情况。

人们唯一渴望互相交流的地方，大概就是单身派对了。不过，派对上的人大多数都很腼腆，坐在角落里，四处张望，在人群中寻找熟人。从前的我就是这样，如果发现一个熟人，就会马上走过去找他聊天。和熟人聊天确实很容易、安全又自在，可这样既不能认识新人，也不能收获爱情。交友过程中一定会遭遇很多拒绝，但不要放弃，先主动出击。NBA超级巨星迈克尔·乔丹曾经说过："在我的职业生涯中，我有9000多个投球没有投中。我输掉的比赛几乎有300场。有26次，大家相信我能投入制胜的一球，但是我没有做到。在我的人生中，我一次又一次地失败，这就是我现在成功的原因。"

我们要把陌生人看作打开生活的另一扇门的人,而不是需要小心提防的人。

好事只会降临到那些主动采取行动并为好事创造时机的人身上。美国电影明星、作家和电台评论员威尔·罗杰斯（Will Rogers）说过："有时你必须爬上枝头，因为果实就在那里。"

由你来开启一段对话

你知道大部分人最恐惧的事是什么吗？是公开演讲。那第二恐惧的呢？就是找陌生人说话。所以请记住，当你参加一个宴会或聚会时，大多数人也不太敢主动和你说话，因为大家都害怕被拒绝，但实际上被拒绝的可能性很小。万一尝试之后真的遭到拒绝，你也不必介怀，因为你跟那个人很可能再也碰不到面。如果你主动开口，你就是英雄。如果你能让对话继续下去，你就会赢得尊重。人们会欣赏你的热情和主动，愿意和你成为朋友。

由你来主导对话

总是等待别人在对话中采取主动，这是以自我为中心的行为。从现在开始，要学着在对话中承担责任。你不能光听不说，没人想唱独角戏。此外，不管别人问你什么，你都只回答一两个字，这可不算是承担责任。

要成为一个会聊天的人，第一步就是投入到对话中，努力让对方感到舒适。请参考下面的破冰话题，记得在下次对话时至少用上其中四个。如果担心自己记不住，那就写到手机备忘录里，在你参加活动之前拿出来练习一下。

如果你在现场突然脑子里一片空白，找不到话题可聊，可以找个借口先走开一会儿，去洗手间看一眼你的备忘录。如果你在办公室，那可没理由找不到话题，最经典的破冰方式就是问那个老生常谈的问题："你是做什么工作的？"这个问题几乎人人会用，所以我没有把它列进来。你不需要问清单中所有的问题，只问那些适合当下场合的问题就可以。同时你也要准备好回应。在你的交谈对象回答了你提出的问题后，你要知道如何让对话继续下去。

商务场合的破冰话题

1. 你们的工作是怎么考核的?

2. 你是怎么想到这个创意的?

3. 你当年为什么选择了这个行业?

4. 你是怎么对营销工作 / 研究工作 / 教师工作产生兴趣的?

5. 你最喜欢这份工作的哪些方面?

6. 你们公司在竞争中有哪些优势?

7. 你在工作中碰到过哪些挑战?

8. 你认为你们公司未来的发展趋势是什么?

9. 能分享一些提高工作效率的方法吗?

10. 你觉得哪段工作经历让你成长最快,收获最多?

11. 如果有人准备创业,你会给他什么建议?

12. 如果能确保不会失败,你最想做哪件事?

13. 你在工作中经历过的最困难的事是什么?

14. 你做过的最好的工作是什么?最糟糕的是什么?

15. 你知道谁能帮我_____吗?

16. 最近经济下行,人们都消费降级了,这对你们的工作有影响吗?

还有一个很棒的建议来自西图公司的总裁李·麦金太尔（Lee McIntire），这也是他最喜欢的破冰方式，可供你参考使用。"有这样一个问题可以让对话继续下去，变得更有意义，还能引出精彩的故事，那就是：你做得那么成功，能讲讲你职业生涯中取得的最重大的突破吗？"

我试过这个方法，一般我会这样问："你认为自己能取得成功最重要的因素是什么？"通过这样的问题，我们能够向别人学习，也能让对话更加深入。同样的问题也可以用于家长之间的互动："你培养孩子很成功啊，有什么秘诀吗？"

社交场合的破冰话题

1. 你觉得_____电影/_____餐厅怎么样？为什么？
2. 你休假时喜欢去哪里？你去过的最好玩的地方是哪里？
3. 下雨天你最喜欢做什么？
4. 如果能回到你生命中的某个时刻，你希望是哪个时刻？
5. 你最想拥有的东西是什么？为什么？
6. 读书的时候你最喜欢哪个老师？

7. 你家乡有什么美食，有什么值得推荐的景点？

8. 你下辈子想做什么？

9. 你的孩子上几年级了？平时学习需要家长督促吗？

10. 你觉得哪个年龄段最美好？为什么？

11. 你下班以后喜欢做些什么？

12. 在你去过的所有城市里，你最喜欢哪个城市？

13. 你最喜欢哪个节日？为什么？

14. 你们家一直保留的家庭传统是什么？

15. 你的第一辆车是什么牌子的？

16. 你平时都关注哪些博主的账号呀？

17. 你小时候的偶像是谁？现在有变化吗？

18. 你喜欢参加同学聚会吗？

19. 你看过不止一次的电影/书是哪部（本）？

20. 你最近怎么样，一切都好吗？

21. 你的名字有什么特别的寓意吗？

22. 你有没有去过一次之后发誓永远不会再去的地方？

23. 你收到过的最好的惊喜是什么？

24. 你给别人制造的最好的惊喜是什么？

25. 在这里滑雪很有挑战性。你最喜欢去哪些地方滑雪？

26. 你喜欢哪个明星？为什么喜欢他？

27. 你见过的最有名的人是谁？

28. 新的一年有什么新目标吗？

29. 你做过的最非主流的事是什么？

30. 你喜欢穿哪个牌子的衣服？

31. 这次新闻事件中的双方，你支持谁？

32. 哪首歌最让你感动？

33. 你吃过的最难忘的一餐是什么？

34. 你经历过或听说过的最神奇的巧合是什么？

35. 你平时喜欢去哪个商场购物？

36. 你最想见哪位名人？为什么？

37. 你多长时间回父母家一次？

38. 哪种香气能给你留下特别的回忆？

39. 你见过的最奇葩的人是什么样的？

40. 平时你一个人的时候，你最喜欢做什么？

41. 讲讲你童年时的好朋友吧，你们现在还有联系吗？

42. 你第一次离开家是什么感觉？有什么难忘的经历吗？

43. 你最近在找工作吗？有什么经验可以分享？

44. 最爱你的人是爷爷奶奶吧，有什么难忘的事分享吗？

45. 讲讲你经历过的最尴尬的时刻吧。

46. 有没有关于你的一些事,是别人永远猜不到的?

47. 如果你买彩票中了500万,你会用来做什么?

48. 最近上映的电影你对哪一部最感兴趣,为什么?

49. 你一般都会选择哪些健身项目?这项运动的好处是什么?

50. 如果要去一个荒岛,你最想带的东西是什么?

在和别人聊天的时候,我最喜欢的一种开启对话的方式是问"最近在忙什么呀?"——这是一个好问题,它没有根据人的职业、婚育状况来给人贴标签,而是在真诚地关心对方的工作和生活。对方可以回答的范围很广,能够自己把握分享的度。这就是情境式提问,你可以从下面的示例中找到参考。这样的问题能引发更深入、更有趣的对话。

如果在职场中想要了解某人,最好的方法是问他:"不工作的时候你都在忙什么?"你的客户、同事、合作伙伴或主管可能会给出丰富多彩的答案。有些人要照顾孩子,有些人继续深造,有些人去上瑜伽课、装修新房或下厨做饭。通过这些回答,你能看到他们在职场之外生活化的那一面。

- 当我在志愿者活动中遇到某人时，我会问他："除了做志愿者，你还忙些什么？"回答可能是"我在家陪孩子"或"我经常去健身房"或"我会去看电影"，对话由此开始，而且不会侵犯对方的隐私。
- 在家长会上问其他家长："下班后除了辅导孩子学习，你还忙些什么？"
- 在动感单车课上问同伴："除了健身，你还忙些什么？"
- 在地铁或公共汽车上问同事："不上班的时候你喜欢做什么？"
- 问上小学的侄子："不学习的时候你喜欢做什么？"
- 在开往滑雪场的缆车上问一起去滑雪的同伴："除了单板滑雪，你还喜欢玩什么？"

怎么样？你是不是已经掌握诀窍了？有时我会直接问："你最近在忙些什么？"这个问题可以开启无数有趣的对话。

在商务场合，我经常使用的另一种说法是："你平时喜欢做什么?"尤其是当我准备和对方开展业务时,我要做的就是在对话中承担责任、和对方建立关系并真正了解对方。当你和同事走在长长的走廊上,或者一起等电梯、一起在食堂吃饭时,问一句"休息日你喜欢做什么?"或者"不工作的时候,你都在忙些什么?"会有很好的效果。

当你参加一个宴会或聚会时,大多数人也不太敢主动和你说话,因为大家都害怕被拒绝,但实际上被拒绝的可能性很小。

| 第三章 |

聊天没你想的那么难

我们天生就擅长完成任务：打扫房间、给植物浇水、制作 PPT、做项目管理、接送孩子、辅导孩子学习……我们不一定喜欢所有的任务，但一定会认真完成。那么，从这一刻开始，把社交当成要完成的任务吧。

名字对每个人都意义重大,所以,一定要确保叫对别人的名字。你愿意花时间了解别人的名字,就等于在真诚地表达你对他的兴趣。

现在你已经掌握了破冰的武器，如果有人和你打招呼，你有足够的素材可以拿出来用。不过，对话中仍然难免出现尴尬的冷场，让你感到心慌，所以你还是不敢主动发起对话，只会在别人找你聊天时才回应几句：你走进孩子的学校，等着其他家长找你说话；你参加商务宴会时，总是装作很忙的样子，期待着有熟悉的同事过来和你聊天。

不，不，不，其实你真没必要给自己这么大压力。

丹佛的信息服务经理马特·麦格劳分享了他的经验。"那时我很年轻，不到20岁，在俄勒冈大学读书。我在当地医院做了几年兼职，负责帮外科的男病人做术前准备，包括帮他们备皮。可以想象，这对我和患者来说都是充满困难的挑战。我从凌晨4点半开始工作，需要和每个患者相处一个小时甚至更长时间。备皮本身就不容易操作，患者身体又不舒服，而且起得那么早还饿着肚子，他们会感到疼痛，还会因为另一个男人给他们备皮而尴尬。有些患者病得很重，面临着死亡的威胁，内心充满恐惧。做心脏手术之前需要把下巴到脚踝的所有毛发全部剃光，你能想象那有多难。

"但我很快发现，如果我和他们聊聊天，情况就会好很多。他们会放松下来。通过聊天，他们转移了注意力，会感觉时间过得很快。我不会和他们聊健康话题,也不谈政治或体育,只是聊一些轻松的不起眼的小事,比如问他们住在哪里,做什么工作,家乡是哪里,诸如此类。

"我特别同意你说的闲聊的力量,这是对一个人表示认可和关注的最实在的方式。我感觉那些患者和我说的话,比他们对医生和护士说的所有话加一起还要多。这份工作很有意义。"

看,你可以开启对话,这并不像你想象的那么难!最大的好处是,你可以由此掌握自己的命运。与其等着别人找你说话,不如自主选择谈话对象。相信你一定会爱上这种感觉。

做法很简单。如果有人对你微笑,你一定也会对他报以微笑。那么从现在开始,你就做那个首先微笑着和别人打招呼的人。一个微笑,几句问候,就这样搞定了。是不是很简单?记得一定要有眼神交流,这是建立融洽关系的开始,说明在短短几秒钟内,你对对方产生了兴趣。不过,如果你一想到这些就有畏难情绪,恨不得立刻跳到床上,用被子蒙住头,那么我建议你先选择一个相对轻松的场合练习,比如对一起等电梯的邻居微笑并向他问好。反复练习,直到你感觉越来越自然。

我的朋友芭布是个社交高手,在竞选议员的时候,她有个重要发现。其他候选人进入会场后,找到自己的位置,就开始坐下来看演讲稿或者针对有可能被问到的问题准备答案。而芭布没有这样做，她去找会场中的观众聊天，和他们打成一片，和更多的人建立私人联系。她发现，让别人敞开心扉的最好方式就是看着对方的眼睛问："请问您贵姓？"一定要有眼神的交流，把重点放在"您"这个字，而不是"贵姓"上。这是在向对方传达一个信息：你很重要。她使用这个方法从来没有失败过。

很多人害怕找陌生人说话，对大多数人来说，仅仅是开始一段对话就需要鼓足勇气。当我们参加招待会、宴会、聚会时，如果看不到熟悉的面孔，我们就会很慌张，想找人聊天又害怕被拒绝。我有一个神奇的方法，可以消除这种恐惧，并且确保你能充分利用好这些社交机会。

我的方法就是，把每一次社交都当成一项任务。我们天生就擅长完成任务：打扫房间、给植物浇水、制作PPT、做项目管理、接送孩子、辅导孩子学习……我们不一定喜欢所有的任务，但一定会认真完成。那么，从这一刻开始，把社交当成要完成的任务吧。

当我准备参加行业会议、颁奖典礼、家长会或婚宴时，我就会给自己布置任务——这次要认识多少新朋友。如果要参加的是社交活动，我给自己的任务就是认识三个新朋友。而在婚礼上，我只认识新娘的母亲，那么我的任务就是认识两到四个陌生人。如果我参加一个行业会议，我的任务是至少认识两个陌生人。如果大家一起住到酒店，那么我的任务是认识四到五个陌生人。当然，完成这些任务很不容易，尤其是在缺乏练习的情况下，但把社交变成任务，你会更容易接受，也更有动力去做。

每次完成任务之后，我都会给自己一份特别的奖励！我会坐下来享用一杯鸡尾酒，或者奖励自己提前离开，出去放松一下。想想就很美好，我既充分利用参加会议、聚会的机会交到了新朋友，又能提前回家享受独处的美好时光，早点上床睡觉。对于害羞内向的人来说，把社交变成任务是个好办法。而外向的人也要注意结交新朋友，因为外向的人往那一站就能聚拢人气，成为焦点人物，往往关注不到那些躲在角落里沉默不语的人，会错失认识新朋友的机会。

名字的意义

现在你已经下定决心，要留下来好好社交，而不仅仅是打个招呼。首先要掌握的高质量对话的重要原则是，记住对方的名

①
社交任务
★☆☆☆☆
你好，我是上周刚搬到这个社区的！这里环境真不错！
欢迎你，新邻居！
②
社交任务
★★★☆☆
多么可爱的一对新人啊！我是新娘的高中同学，很高兴认识您。
我是新郎的姑姑。
③
社交任务
★★★★★
我是XX公司的，您也是来参加这个会议的吗？
是的，我是XXX公司的。
④
这周的社交任务提前完成！今天可以早点睡个好觉。

字，并且在恰当的时候提及对方的名字。在别人做自我介绍时要集中注意力听，回应时要提及对方的名字。比如对方说："你好，我叫黛布拉，我是某某公司的程序员。"你可以回答："黛布拉，幸会幸会。"如果想记住对方的名字，你就要在对话中提及这个名字。大多数人脑子里只想着要谈的业务，或者接下来要说什么。先别考虑这些，把注意力集中在对方的名字上，在心中反复确认，然后回应对方。

如果别人做自我介绍时你走神了，没记住他的名字，你要坦白承认。不要在整个对话过程中假装知道对方的名字。你可以这样说："不好意思，我还不知道你的名字。"让对方再告诉你一遍，总比你假装知道要好。永远不要假装！尤其是在碰到你以前见过但又不记得名字的人，比如在超市排队结账时遇到某人，或者在新品发布会上与客户交谈时。不要等待神灵给你启示，要主动对他说："抱歉，我忘记你的名字了，能提醒我一下吗？"这种积极的策略将帮助你避免接下来可能发生的"灾难"。比如，你忘记了客户的名字，和他说话时恰好你的领导走过来，那么你如何向领导介绍这个客户？在开始聊天之前就让对方提醒你他的名字，不要拖延，否则你会后悔的。如果有人走过来跟我说："我敢打赌你不记得我的名字了。"我可赌不起，我会立刻"认输",请求他提醒我。

承担责任,实话实说,你就能拥有一次愉快的对话。你再也不用因为忘记别人的名字而躲着他了。哪怕你在房间里离那个人很远,或者只是在超市里擦肩而过,你也要走过去和他打招呼。如果你因为忘了他的名字感到尴尬而避开他,那你就是错上加错,失礼加无礼。更糟糕的是,别人可能以为你傲慢,目中无人,不屑于跟他打招呼。

有些人的名字比较拗口,或者名字中有生僻字,很容易记错。遇到这样的名字,你要努力学习正确的发音,哪怕需要让对方重复几次。你愿意花时间了解别人的名字,就等于在真诚地表达你对他的兴趣,对方一定会很开心。相反,如果你因为一个人的名字难念就不去记,就等于在告诉他,他不值得你花心思了解。在视频会议时,正确地读出屏幕上的名字同样很重要。如果名字里有你不认识的字,或者不确定的发音,别犹豫,直接问一下吧。

记住别人的名字是非常有必要的。如果你是一场谈话的主持人,那就更需要准确说出每个人的名字,因为你要在每个新人加入时给他介绍在场的所有人。我经历过一件事,虽然我不是主持人,但表现得很像主持人。我走进会议室,中间是一张八人桌，有三个人比我到得早，已经坐在那里。后面的人陆续进来时，我和他们握手，做自我介绍，然后又介绍了一下在座的三个人："这是甲骨文公司的琳达，这是索尼公司的约翰，这是工程师协会的萨姆。"我像主持人一样的介绍一下子让气氛活跃起来，大家感觉很放松，很温馨，彼此更加亲近，自然而然都变得健谈了。如果你是团队的管理者，每当有新成员加入你的团队时，你也要像主持人一样介绍每个人给他认识。

不要叫昵称

如果同事自我介绍叫"迈克尔"，那你就不要叫他的昵称"迈克"。因为如果他希望别人这么叫他，他就会直接用"迈克"来介绍自己。如果有些人的名字比较难读，那你就多练几遍，绝不能在未得到对方允许的情况下把他的名字简化成昵称。我的名字是黛布拉，如果有人管我叫"黛比"，我一定会抓狂的。

有这种感受的人不止我一个。有一次会议结束后，一位名叫茱莉娅的女士走到我面前说："黛布拉，告诉你一件事。我以前也叫黛布拉，那时我经常要上台做报告，总有人在向我提问的时候叫我'黛比',我很讨厌这个称呼,后来我实在受不了了,就改名叫'茱莉娅'了。"

名字对每个人都意义重大,所以,一定要确保叫对别人的名字。举个例子,我给一个客户打电话,她的行政助理接电话说:"你好,这里是凯瑟琳·温特办公室,我是苏珊。"我对她说:"你好,苏珊。我是黛布拉·法恩。能否请凯瑟琳女士接电话?"请注意,在这里我提及了每个人的名字,并且没有随意给人家改名。苏珊很重要,因为我必须通过她才能联系到客户。如果我把她的名字改成"苏",那一定会惹恼她,对我没有任何好处。我在电话里不提她的名字也会比较失礼,因为称呼别人的名字表示你对她感兴趣,会让她觉得自己很特别。

再举一个例子。我去滑雪场租赁处归还逾期的滑雪板、滑雪杖和靴子,一边和店员聊天,一边等他在电脑上调出我的账户信息。我们只简短地聊了几句,就在这几句对话中,我提到了他的名字,并且问他是滑单板还是双板。然后我看到电脑屏幕上显示出我应交的滞纳金,店员却按了取消,还祝我玩得开心。看,在交谈中真诚地称呼对方的名字,效果真的超级棒。

给予胜过接受

当你和某人见面时，即使你们之前见过，并且你认为他应该能记住你的名字，你也要主动说一下自己的名字。就当这是一个小小的善举吧，伸出手说："嗨，帕特里克，你好，我是黛布拉。"说出自己的名字，就等于帮帕特里克减轻了负担，假如他忘了你的名字，他也不用紧张，更不必把时间浪费在努力回忆你的名字上。

我现在的丈夫是一位牙科医生，我和他一起外出时，有时会碰到他的病人。病人认出了他，走过来和他说话，但没有说自己的名字。我丈夫根本不记得他是谁，就会感到很尴尬，也不知道该怎么给我介绍。这时候，我通常会主动告诉对方我的名字，并由此询问他的名字，帮我丈夫摆脱尴尬。不要以为你只打过几次交道的那些人会记住你的名字，尤其是当他们在工作场合之外见到你的时候。你可能会记得那个周末带着你到处看房子的中介，但她不一定记得你，如果你们是在加油站碰面，她绝对想不起来你是谁。放过她吧，跟她打招呼的时候请主动报上自己的名字。

第四章

别让对话掉地上

使用破冰问题不仅能开启对话,而且还会引出其他话题,让对话持续下去,不掉地上。尽量避免只使用陈述句——这就像闭着眼睛把"对话球"扔出去,不知道它会落在哪里,也不知道它能否被扔回来。

对别人表现出兴趣是一种礼貌，也是交谈中必不可少的。你对我越有兴趣，我对你也就越有兴趣。对他人表现出兴趣，这个简单的行为会对交谈产生惊人的影响——就像滚雪球一样！

记住，与其躲在角落里等待一个友好的人走过来找你聊天，不如自己主动出击。就像邀请别人来你家吃饭一样，作为主人，你的职责就是让客人感到舒适，在对话中，你也要尽可能地让你的交谈对象感到舒适。

当你参加一个聚会时，马上加入到一群人的谈话中可能有点难度，你可以先找一个"好说话，易接近"的人开始交流。"好说话，易接近"的人就是那些与你进行眼神交流的人，或者还没有和其他人聊天、正在低头看手机的人。他们总是一个人取自助餐，然后独自坐下来吃，或者在活动进行的时候躲到角落里。通常情况下，如果有人能走过去找他们聊天，他们会感觉如释重负。相信我，我接触过很多这样的人——他们聪明、有趣、热情但很害羞。他们的处境和你之前的一样。如果你能主动开口，他们会把你当成救世主。

当你走进会场时，先环顾四周。无论是商业宴会还是朋友聚会，总会有人独自站着或一个人坐在桌旁。不要犹豫，主动看向他，并对他微笑。对方也会回你一个微笑。就像任何一个好客的主人都会做的，你这样做能让他放松下来。你将得到的回报就是对方的认真倾听和练习对话的机会。不要忘了：如果你感到恐慌，就把社交当成任务。

使用破冰问题不仅能开启对话，而且还会引出其他话题，让对话持续下去，不掉地上。尽量避免只使用陈述句——这就像闭着眼睛把"对话球"扔出去，不知道它会落在哪里，也不知道它能否被扔回来。比如那些感叹句：今天真开心啊！那个节目好棒！会议时间可真长！听到这些句子别人顶多附和一句，接下来就无话可说了，对话很有可能就此停滞。在陈述句后面一定要跟上一个问句。可以试试以下这些句式。

陈述句后面紧跟着问句

- 春天可真舒服啊！你最喜欢哪个季节？
- 那部电影太感人了。你觉得怎么样？为什么？
- 油价又涨了。你上次加油的时候是多少钱？
- 这家餐厅很棒。你最喜欢哪家餐厅？为什么？
- 这次培训我觉得很有用！你参加过什么特别好的培训班吗？
- 我上周没来，那次开会讲了些什么呀？
- 上下班通勤可真让人头疼。你住得离公司近吗？

- 下午茶真丰盛，你最喜欢什么口味的蛋糕？
- 这个项目推进得有点困难，你有什么好建议吗？
- 你办公室的绿植长得真好，你是怎么养的呀？
- 看你总去健身房，你一般都练什么器械呀？
- 你的衣服都很有品位，你最喜欢买哪个牌子的衣服？
- 你家又温馨又整洁！家里有两个小孩，你平时都是怎么收拾整理的呀？
- 我关注了很多播客，你呢？

开场白并不难

就像我们看待大多数不熟悉的事物一样，开启对话在想象中似乎比实际情况更困难。如果你仍然感到畏惧，我给你讲一个真实的故事。在一档全国性的新闻节目中，节目组给一位男士戴上了一个隐藏的麦克风，然后让他去参加聚会。他的任务是和尽可能多的女士开启对话，而且要使用一句听起来很老套的开场白："你是什么星座呀？"没想到，这招真的奏效了。他走向一位女

①

② 你是什么星座呀?

③ 金牛座,你呢?

④ 天秤座。你对星座有研究吗?

士,微笑着说了他的台词。她回答说:"金牛座,你呢?"他说:"天秤座。你对星座有研究吗?"他们由此展开了一段非常有趣的对话。

这个故事告诉我们,最重要的是大胆尝试。这位男士之所以成功,是因为他的开场白传达出对女士的兴趣,而女士也乐于接受。对别人表现出兴趣是一种礼貌,也是交谈中必不可少的。如果你对我如何减肥、如何开始创业或者其他任何关于我的事感兴趣,我就会觉得自己很特别,也会对你产生好感,想继续和你聊天。你对我越有兴趣,我对你也就越有兴趣。对他人表现出兴趣,这个简单的行为会对交谈产生惊人的影响——就像滚雪球一样!

试一下吧!如果你采取主动,你会成功的。当你开始对话时,你会惊讶地发现这是多么容易,而且你会从别人那里得到积极的回应。记住以下四个步骤,你就能顺利地进行一次精彩的对话。

1. 眼神交流。

2. 微笑。

3. 找到那个"好说话,易接近"的人!

4. 说出你的名字,并在对话中提及对方的名字。

你真正的挑战是冒着被拒绝的风险先和别人打招呼。没有什么完美的破冰问题，用"你是什么星座"作为破冰问题就有些风险。不过，尽管听起来很老套，但那位男士还是成功了，那些女士都很乐于和他继续聊下去。想想看，所有对话不都是这么展开的吗？我们会先衡量这个人，看自己是否有意愿聊天，再看是否值得投入时间聊天。聊什么并没那么重要，对方其实早就决定了是否愿意回应你。

我们总是错误地以为自己和别人毫无共同之处。因为人和人之间存在各种各样的差异，比如性别、种族、社会地位、年龄、职业、生活方式等，我们就会觉得彼此之间的对话一定存在隔阂。我到全国各地演讲，与成千上万人交谈后发现，无论来自哪个地区，哪个行业，人们的相同之处都会多于不同之处。这只是随意的闲聊，不要想得那么复杂，你只要表现出兴趣并认真倾听就足够了。和人聊天就像剥洋葱皮一样，每往下剥一层，就能听到对方内心更深处的声音。每次我都能从与陌生人的聊天中得到惊喜，觉得特别有意思，这个时间花得值。

在我主持的第一个讲座中，我要求每个人介绍自己，说说自己为什么要来参加这个关于说话技巧的讲座。第一个做自我介绍的是一位名叫鲍勃的男士。他说他是苹果公司的客户服务经理，领导希望他提高与客户对话的能力。他补充说，虽然是领导让他来的，但他很开心，因为他刚刚搬到科罗拉多州的伊丽莎白镇。作为一个单身男人，他感到很孤独，想借此机会多认识一些人。下面是我们的对话。

黛布拉：科罗拉多州伊丽莎白镇，太巧了，鲍勃，我过去也住在伊丽莎白镇。我住在帕克镇附近，在道格拉斯县沿线。你是在那里还是离伊丽莎白镇更近？

鲍勃：我也住在帕克镇附近，在一个叫庞德罗莎公园的住宅区。

黛布拉：哇！庞德罗莎公园？我以前也住在那里！我住在庞德罗莎路和山顶路附近。

鲍勃：这么巧啊，我也是住在山顶路。

黛布拉：真巧，我住在山顶路120号的联排。

鲍勃：哇，这真是太神奇了，我也住在山顶路120号的联排！

原来，当年我和前夫把房子卖掉，买房子的那家人后来又搬走了，他们把房子又卖给了鲍勃。因为这次偶然的邂逅，也因为我对鲍勃来自伊丽莎白镇表现出了浓厚的兴趣，鲍勃邀请我带家人再回老房子看看。我很开心能带着我的孩子去鲍勃家拜访，让孩子们感受一下自己曾经住过的地方，当时他们还太小，对这里已经没什么记忆了。

只要你稍作努力，就能得到丰厚的回报，接下来我要介绍一系列破冰方式。"你是什么星座"这种问题太普通了，我没把它列进来。

如果别人正在一起聊天

当你终于鼓足勇气去和那个你最想认识的人交谈时，却发现他正在和其他人聊天，你该如何加入呢？礼貌的做法是等待，等到他们注意到你的时候再开口。但有时候他们聊得太投入了，除非你采取主动，否则你只能一直当听众。而且，你一直这么呆站在两个聊天的人面前会有点尴尬，他们的世界里根本没有你。

我有一个好办法——可以参考过去的交际舞会。如果一个男人想跟一个女人跳舞，但对方已经有舞伴了，这个男人只需要有礼貌地轻拍她的舞伴的肩膀，对方就会让出与这个女人一起跳舞的机会。

当你走近那对"跳舞的人"时，请先礼貌地等待一段时间，然后看向那个"舞伴"，请求他允许你打断一下，你想和他的谈话对象聊几句。大多数人都不会拒绝你的请求，而是有礼貌地表示同意。

还有一个更柔和些的方法，就是为你的"打扰"找个好借口。比如，你可以对想要聊天的人说，你想让他知道你也来参加这个会议了，希望在晚宴结束前有机会聊一聊。他要么会邀请你现在就加入对话，要么就跟你商量一个晚一点的时间单独聊。无论用哪种方式，对方都已经明确知道了你在努力和他建立联系。

如果你要加入五人以上的对话

对于一个聊天新手来说，要打断两个人的聊天并加入进去已经很难了，更何况是五个人乃至更多人的聊天。这些人往往关系非常紧密，自成一个小团体、小圈子，想要加入，可能得采取迂回的方式。如果你觉得有必要或者非常想与这些人交往，可以使用以下策略。

- 对正在说话的人表现出兴趣，但略微站得离人群远一些。小圈子里的人会有些排外，所以首先要让他们习惯看到你。慢慢地，他们会改变态度，让你加入。

- 在他们面前表现出你一直在认真倾听，通过这样的方式融入圈子。寻找一些他们欢迎你的信号，比如他们询问你的意见，或者改变了身体的姿势，表示愿意接纳你。

- 一开始最好能找到一个跟大家有共鸣的点。如果没有，就对说话的人表示认可。千万不要一上来就发表激进的反驳观点，搅乱整个局面。在发表观点之前，应该先让大家对你产生好感。如果你表现得太强势、太激烈，那些人就会痛恨你的入侵，然后不欢而散。这样你就又得重新开始，找一个你还没得罪的人聊天。

- 最后一点，如果你发现这个小圈子里有一张熟悉的面孔，可以悄悄地向他挥挥手，让他知道你想在稍晚些他有空的时候跟他聊两句。当然，你真正的愿望是被邀请加入他们。如果他没邀请你，你也没什么损失，反而会有很多收获：他知道你认出了他，即使之后你没联系他，你也通过这次打招呼给他留下了非常积极的印象。

| 第五章 |

打开别人的话匣子

如果不想让对话迅速结束,当对方回答完一个问题后,你就要再问一个深入探询的问题,这样对方就能知道你有兴趣听到更多。深入探询的问题表明你真的渴望得到回应,并且准备花时间倾听。

> 大多数人都喜欢分享自己的故事。如果你给他们机会，他们就会开口。这是通往成功对话的捷径。

现在，你已经掌握了成功对话的几个关键点：微笑，眼神交流，找到"好说话，易亲近"的人，说出你的名字，并提及对方的名字。你可能要问，还有其他的吗？有，还有很多呢！不要紧张——这才是真正有趣的地方。如果你性格内向，你会喜欢这个部分，因为下面提到的做法能让你保持安静的一面。你的任务是让你的谈话对象谈论自己。大多数人都喜欢分享自己的故事。如果你给他们机会，他们就会开口。这是通往成功对话的捷径。

一切都取决于你的提问

通过问开放式问题，你给你的谈话对象提供了一个谈论自己的机会，而且他可以自主把控，想透露多少就透露多少。对开放式问题我们不能简单地回答"是"或"不是"，但又不会觉得有压力。这样的问题对同事、孩子、邻居、亲戚、朋友以及初次结识的陌生人都很有效。成功使用开放式问题的关键是选择正确的问题，然后在必要时提出另一个问题。

开放式问题

- 能给我讲讲……吗?
- 能告诉我关于……吗?
- 你是如何……?
- 那对你来说是什么感觉?
- 你是因为什么而那样做?

让我们以最不好打交道的交谈对象——上学的孩子——为例:和他们对话很困难,因为他们通常懒得理你,所以甚至都不能称之为交谈对象。不过,他们毕竟是孩子,我们要包容他们的个性,和他们一起磨炼说话的技能。

就拿我家来说吧。孩子们放学回家,走进家门,我问他们:"今天在学校过得怎么样?"两个孩子一起回答:"我回来了。"好吧。我并没有气馁,而是接着问了另一个问题:"今天有没有特别开心的事呀?"十几岁的儿子通常会说:"想不起来了。"我看着他的眼睛对他说:"真的吗?跟我说说你今天最喜欢的一节课吧。"他想了一会儿,说:"科学课。"我又问他:"你喜欢科学课的什么?"他开始绘声绘色地描述他们做的一个实验,然后我们就这个话题聊了起来。关键在于你必须敞开心扉,必须表现出真正的关心。

开启与孩子的对话的好问题

- 你喜欢当大姐姐吗?
- 什么事会让你生气?什么事会让你高兴?
- 你有宠物吗?你希望养一只宠物吗?
- 你喜欢运动吗?为什么?
- 你最喜欢的食物是什么?为什么?
- 你为什么要画一只独角兽?
- 课余时间你喜欢做些什么?

以下是一些建议,可以帮助你减少对手机的沉迷,与孩子建立亲密关系。

- 当你和孩子在一起时，要真正陪伴他们。不要只是放下手机，而要把它放到距离很远的地方。一旦手机离开你的视线，就不容易分散你的注意力了，同时这样做也表明孩子对你来说是最重要的。
- 对孩子说："我一会儿要用手机处理一些事情（预约牙医、给朋友打电话等等），现在想好好陪你。和我说说你今天过得怎么样。"
- 为电子产品的使用制定规则，并用这些规则要求所有人，包括你和其他家庭成员。比如禁止在吃饭时看手机或晚上 9 点以后必须关掉电子产品。规则应该适用于所有人，而不仅仅是你的孩子。
- 通过和孩子一起练习对话，教孩子如何进行交流。问孩子一些开放式问题，并认真地回答他们的问题。孩子跟你说话时，请不要回答"嗯"或者用一两个字敷衍了事。
- 当你真的需要打电话给孩子时，要提出你的期望，让他们一定要接听或者回电话给你。大多数时候，给孩子打电话，孩子会挂断，然后回复一条短信。为什么？因为

> 发短信比打电话更轻松、更安全、更省力。但如果你的孩子和你联系都想图省事,那他与老师、同学或新朋友交谈该有多困难?!

深入探询

每个星期一,在全国各地的办公室里,人们都在互相问候:"你周末过得怎么样?"这个问题通常只会得到一个简单的回答:"挺好的,你呢?"往往对方还没来得及回答,你已经走出十步远了。这传递出什么信息?你并不是真的对他的周末生活有兴趣,只是打个招呼而已。"假期过得怎么样?""工作顺利吗?""最近还好吗?"几乎所有人都心领神会,这些问题只是打招呼的方式之一,是一种问候,而不是真诚的询问。

大多数情况下,对话会在简短的交流后立刻结束。我问我丈夫史蒂夫:"你今天过得怎么样?"他回答说:"还不错。"对话就这样结束了——不是因为没什么要说的,而是因为缺乏后续的跟进问题。我应该再多问一些问题,否则我的丈夫会认为我并不是真的关心他的一天。我会接着问:"今天发生了什么特别的,让你觉得不错的事吗?"

下面是我和朋友的对话,这样的对话就不是寒暄,而是真正的关心对方。

黛布拉:"嗨,琼!今天过得怎么样?"

琼:"我心情不太好。"

黛布拉:"怎么啦?发生什么事了?"

琼:"我可能要被裁员了!"

黛布拉:"现在找工作应该是挺难的。"

琼:"你觉得我应该赶紧找新工作吗?"

黛布拉:"当然。如果你不早做准备,那就会很被动。如果你失业了,你会很焦虑,身心健康也会受到影响,生活会变得一团糟。"

琼:"你觉得我最好怎么做?看看招聘网站?"

黛布拉:"嗯,可以的,或者找找猎头。你不是职场新人,你已经有了这么多年的资历,也许这次能得到更好的工作机会。"

如果不想让对话迅速结束，当对方回答完一个问题后，你就要再问一个深入探询的问题，这样对方就能知道你有兴趣听到更多。深入探询的问题表明你真的渴望得到回应，并且准备花时间倾听。以下是一些参考句式。

- 你暑假过得怎么样？

  很开心。

  有什么特别难忘的事情吗？

- 你的假期过得怎么样？

  挺好的。

  你去哪旅行了？

- 你周末过得怎么样？

  不错。

  做了些什么？

  我去大剧院看了一部话剧。

  你对话剧感兴趣？我从来不知道。是谁主演的？剧情怎么样？

> ✓ 这个项目进展得怎么样?
>
> *挺顺利。*
>
> 最近有什么阶段性成果吗?

和同事聊起周末时,如果你问对了问题,足够把对话撑到你们喝完一杯咖啡。关键是要对对方说的话表现出真正的兴趣,并真诚地想听到对方的回应。所以你可以保持沉默,但不能无所作为,你必须积极投入对话。

不过,如果你是打电话给客户,当你询问周末的情况时,对方也许会这么说:

你周末过得怎么样?
很开心。
是吗? 都做了些什么?
带孩子去了游乐园。好了,说说咱们那个提案吧。

你应该意识到对方已经把对话主题重新拉回到业务上。这是一个信号，表明对方此时不想闲聊。你要尊重对方的意愿，立刻切换回商业模式。

下面列举一些其他深入探询的例子：

你问："你最近怎么样？"

对方回答："挺忙的。"

跟进的问题可以是：这么忙，你是怎么分配时间的？都忙些什么事呀？你喜欢忙碌的生活吗？是不是每年都有一段时间特别忙？哪个时间段会不那么忙？

你问："今天天气真糟糕，你觉得呢？"

对方回答："确实挺糟糕。"

你可以这样跟进：这个地方是不是一直都是这种天气？你喜欢什么样的天气？天气恶劣会影响你的心情吗？你以前在天气恶劣的地方待过吗？你为什么搬到这边来了？你最不能忍受什么天气？

有位来自航空公司的高级主管给我讲了他的例子，展示了"深入探询"的好处。他有个朋友跳槽了，他给她发邮件，问她最近工作的情况:"新工作怎么样?"朋友回复:"还不错。"看到这个简短的答复,他继续询问:"感觉比以前压力大吗?是不是要做的事情更多了?新工作的发展前景怎么样?"然后他得到了一封更详细的回复邮件,朋友给他具体讲了新工作的风险和挑战。

对你很熟悉的人提出开放式问题,要比向那些你刚认识的人提问容易得多。与陌生人见面时一定要更加谨慎,因为如果你提出一个很难回答的问题,可能会让对方感到尴尬。同样,有时候当我们提出开放式问题时,可能只是客套一下,其实并没有期待着详细的回复,只要对方回答简短的一两个词就够了。

如果你想听到具体的回复,可以换一个提问方法。

以前这么问	现在试试这么说
你结婚了吗?	能介绍一下你的家人吗?
你是做什么工作的?	能给我讲讲你们公司吗?
你最大的爱好是什么?	能给我讲讲你平时最喜欢做什么事吗?
你周末过得怎么样?	这个周末都发生什么事了? 你最开心的事是什么?

当你需要在一个行业活动中与同行交流或者请客户吃午餐时，你可以提前准备一些与业务相关的问题。参见第 25 页，那里列举了一些适用于各种场景的问题。当然，你并不一定会用到这些问题，但你要做好充足的准备，这样就能泰然自若，自信满满。

认真倾听，注意观察

如果你足够敏锐，就会发现你的交谈对象给你提供了大量信息，你可以利用这些信息让对话持续下去。信息的来源包括：

对开放式问题的回答。当你请别人给你讲讲他的家庭或工作时，你就能得到许多信息，你可以用这些信息推进对话。假如你问我："黛布拉，你为什么会去 AT&T（美国电话电报公司）做产品规划？"我说："我以前在水牛城的研发部门工作，我讨厌那里，也讨厌当工程师！我跟公司申请调到其他地方，后来我就被调到丹佛做产品规划了。"在这个回答中，我提供了很多信息：我来自水牛城，以前从事研发工作，我讨厌做工程师。你可以选择其中任何一个你感兴趣的信息继续往下追问。

下面的问题都可以用来推进对话。

- 水牛城的冬天真的像大家说的那么冷吗?
- 为什么讨厌当工程师?
- 原来的公司有哪些让人受不了的地方,让你那么想离开?
- 在 AT&T 这样的公司做产品规划感觉如何?
- 在丹佛生活感觉怎么样?
- 你是在哪里学习的工程?

把注意力集中在任何可以用来继续对话的细节或信息上。比如对方的外貌、对方佩戴的徽章或饰品。有一次开会时,我发现坐在我旁边的人西装上别着一枚徽章。我好奇地问了他,得知他是本地扶轮社的成员。我告诉他我也是扶轮社的成员。从一个不起眼的小细节开始,我们有了很愉快的对话。

球队服装、有特殊标志的配饰、水杯和文件夹都是很好的对话开端。留意别人的新发型、正在看的书籍或杂志、孩子的艺术作品，就会有所发现。如果他在看手机，问问他最喜欢的 App 是哪个，或者为什么他更喜欢苹果手机。以下是一些示例。

- 你是丹佛野马队的粉丝吧。你觉得他们在这个赛季表现得怎么样？
- 我发现你用的这个杯子有伦敦硬石咖啡馆的标志。你去过那里吗？你觉得怎么样？
- 你也参加了这次马拉松长跑吧，你还参加过其他比赛吗？

办公室和家居装饰也可以作为对话的话题。

- 看到柜子里的学位证书：
  你为什么选择去密歇根大学读研究生？
- 看到陈列的物品或照片：

> 你一定很喜欢打高尔夫——这个奖杯是参加什么比赛得的?
>
> 这件艺术品的造型真特别。你是在哪搜罗到的?
>
> 这张照片拍得真好。站在你旁边的人是谁?

你参加活动的地点和场所也能提供各种信息。

在婚礼上:"我是新娘的大学室友。你是怎么认识这对夫妇的?"

在研讨会或会议上,可以问一句:"你怎么想到要来参加这个活动?"这样开启对话,直接而且不唐突。

要获得可靠的信息,可以这样问:"你家是这里的吗?"如果他回答"是",那么可以了解一下他还在哪些城市居住过。如果他说他家是其他地方的,可以问问他为什么会来这里发展。在漫长的飞行途中,可以问问你的邻座:"你这次是回家还是出发去别的地方?"

有一次讲座结束后,我进电梯的时候看到有个男人从大厅走过来,我赶紧帮他按住电梯。一般情况下,因为时间有限,我不会在电梯里和别人闲聊，但我知道这层有两间教室，我一时兴起，想用一下我刚刚掌握的信息。那个男人不是来参加我的讲座的学生，所以我猜他是从另一间教室里出来的。我问他："你是来上课的吗？"他告诉我，他参加了一个写作班。原来和我交谈的人是畅销书作家哈里·麦克莱恩，同时也是这个写作班的老师。走出电梯，我们又继续聊了一会儿，现在我有了一个新朋友，他还答应来我的书友会分享他的新书《童话镇》。这就是我喜欢闲聊的原因：你永远不知道你会遇到谁，也不知道会有什么样的收获。

　　如果你观察细致，你还会从别人的**行为**中得到很多信息。比如他们说话的方式。如果这个人有口音，你可以说：*我听出你说话有_____口音，你是不是从_____来的？为什么会来这里？会想家吗？你喜欢现在住的城市吗？*

　　有一次，我去邮局寄一个急件，后面还有好几件事要办，所以我想着快点寄完东西快点走。我看到职员填写表格时字迹非常漂亮，就随口夸了她一句。我并没有想要跟她深度交流，而且我用的是陈述句，没有提问题。没想到，她就好像回答问题一样，滔滔不绝地说了起来，让我了解到她以前是个老师，专门练习过书法，后来她搬到了亚利桑那州，并且离婚了。她再婚后又搬到了科罗拉多州。我不知道该怎么让她意识到，我现在着急要

①
谢谢。
②
你是来上课的吗？
我来这里参加一个写作班。
③
原来你是哈里 · 麦克莱恩！我很喜欢你写的《童话镇》！
我是这个班的老师。
④
有机会欢迎你来我们的书友会分享你的新书。
我很期待！

离开。我拉开门往外走的时候,她还在不停地说着!这就是我所说的无意中的破冰。这件事说明,只要稍微对别人表现出一点兴趣,就能让对话继续下去,即使只是对方一个人在说话!

现在,你是否已经成为说话高手了?那让我来考考你吧。你能说出五个在商务场合肯定会用到的问题吗?你能说出六个信息来源吗?看看你现在所处的环境,你认为有什么能拿来交谈的?

通过练习,你会变得很擅长说话,就像你练习其他技能并得到提高一样。这并不难——高中几何可比这难多了。你需要做的就是练习。

要开启一段对话并让对话持续下去,最简单的方法之一就是赞美对方。

第六章

不仅要听，
还要让别人知道你在听

倾听不仅仅是听，还是参与程度的体现，不是你能复述一遍对方说的话就代表你真的在倾听。面对面交流时，语言传递的信息量大约占总信息量的 35%，剩下的都通过非语言交流的方式完成，比如表情、仪态和动作。

你有没有和一个特别需要倾诉的人一起出去吃过饭？你几乎不需要说什么，只要给予支持和理解、点几下头、认真倾听，对方就会感觉好多了，并且会非常感激你能听他说话。

到现在为止，我们已经学习了高质量对话所需要的部分技巧：如何开启对话，如何破冰，如何让对话持续下去。你知道怎么做有用，怎么做无效，你在承担责任和风险的过程中还在继续学习。但做到这些仍然不够，一场高质量的对话取决于两个要素："说"和"听"。研究表明，人们每分钟可以听300个单词，而大多数人每分钟最多只能说200个单词——除非你是那种宣读广告赞助商的主持人！

我们面临的困境是，在特定时间内，我们能接收的信息要比输出的信息多得多。那么我们要如何运用这些过剩的产能呢？一般情况下，我们是这样用的：一边听对方说话，一边偷听隔壁桌的交谈，考虑晚餐吃什么，想着今天还没发的那封邮件，直到我们突然意识到心思飘得太远了，以至于错过了很多重要信息。

心理学家卡尔·罗杰斯（Carl Rogers）曾经说过："当你处于痛苦中时，如果有人能听你诉说心声，又不对你评头论足，不替你担心焦虑，也没有想要改变你，那该多么美好。"心理治疗师安·阿佩尔鲍姆（Ann Appelbaum）在梅宁格诊所的通讯刊物《远景》（*Perspective*）中写道："荒野中哭泣的声音象征着孤独，那是无人倾听的绝望。"我们对认同感的需求和渴望是如此强烈，因此，好的倾听者弥足珍贵。心理治疗师的工作就是认真倾听他人，并给出有价值的回应。

你有没有和一个特别需要倾诉的人一起出去吃过饭？你几乎不需要说什么，只要给予支持和理解、点几下头、认真倾听，对方就会感觉好多了，并且会非常感激你能听他说话。

在当今这个高科技的世界，我们每天持续不断地接受各种刺激和信息轰炸，这让耐心倾听成为一种挑战。倾听已不再被认为是理所当然的事情。事实上，很少有人能够做到专注倾听。专注地倾听体现在三个方面：视觉、语言和精神。将这三方面结合起来，就能收到非常好的效果。

让对方看到你在倾听

倾听的生理过程是看不到的，所以我们无法通过观察声波是否进入了某人的耳朵来确认他是否听到了我们想要传达的信息。因此，说话者总是在寻找线索，以确认交谈对象是否听到了他说的话。想让说话者知道你在专心倾听，给出一个视觉反馈是最简单的方式。视觉反馈包括专注的面部表情、点头和积极的肢体语言，这些都能清楚地表达出你对说话者说的话感兴趣。

①
嗨！
鲍勃，
最近可好？
还行。
你怎么样？
②
我也还行！
你过得
还不错吧？
还可以！
③
向你
夫人问好！
也问你
夫人好！
④
回头见！
再见！
⑤
⑥
跟啥也没说
一样……

8岁的尼古拉斯放学回家，蹦蹦跳跳地走进房间，开始向爸爸讲述他在学校度过的美好一天。"爸爸，我今天在学校过得可开心了！我们今天上了美术课，我画了一幅特别酷的风景画。我们在体育课上踢足球，我进了一个球。还有——我们午餐吃的是比萨！"尼古拉斯看爸爸一直在滑动手机屏幕，叹了一口气说："爸爸，你没在听我说话！"爸爸抬起头说："我在听，儿子。你画了一幅风景画，你在足球比赛中进了一个球，你午餐吃的是比萨。"尼古拉斯生气地说："不对，爸爸。你没有听。你没有用眼睛听我说话。"

即使爸爸清楚地听到了尼古拉斯说的话，尼古拉斯还是感觉自己没有被倾听，因为爸爸没有把全部注意力放在他身上。他不仅希望爸爸听他讲述一天中发生的事情，还希望爸爸对他讲的事感兴趣并且给出反馈，希望感受到他们之间的情感连接。

倾听不仅仅是听，还是参与程度的体现，不是你能复述一遍对方说的话就代表你真的在倾听。非语言交流的倡导者雷·伯德威斯特尔（Ray Birdwhistell）提出，面对面交流时，语言传递的信息量大约占总信息量的35%，剩下的都通过非语言交流的方式完成，比如表情、仪态和动作。所以，当你听另一个人讲话时，和他保持眼神交流至关重要。

①
爸爸，我今天在学校过得可开心了！我在美术课上画了一幅特别酷的风景画，
体育课踢足球的时候我进了一个球，然后午餐还吃了比萨！
②
爸爸，你没在听我说话！
我在听你说话啊。
③
你画了一幅风景画，你在足球比赛中进了一个球，你午餐吃的是比萨。
④
不对，爸爸。你没有听。你没有用眼睛听我说话！

这个原则也适用于视频会议。当你看向镜头时，要注意和对方有眼神交流。我们很容易就会看向屏幕上的自己（我就是这样，有点自恋），而不是直视镜头，这样就会分心。我有一个小妙招，就是在镜头旁贴一张我家狗狗的照片，它会提醒我保持眼睛往上看。有时候在会议中我们想同时处理好几件事，这时一定要注意，你低头看手机或者用键盘打字，别人都会看到。你希望给别人留下不专注的印象吗？另外，开视频会议的时候建议打开摄像头，让别人都能看到你，这样能表达一种积极参与的态度。不要只放一张照片或只显示名字。

和别人面对面交谈的时候，不要环顾四周，东张西望，要把注意力集中在当下的对话上。你可以偶尔点点头，让说话的人能够看到，你在认真听他讲话。大多数懂得社交礼仪的人都会在对话时与人保持眼神交流，但有时三个或三个以上的人一起说话时，就难免会有人走神，比如忍不住看一眼门外，或者拿起菜单仔细研究。你可能会想，反正有人负责找话题，有人负责聊天，只要他们保持眼神交流就好，应该没有人注意到你一时的心不在焉。事实上，别人是一定会注意到的。这样做的结果有两种：说话的人认为你觉得他说话太无趣，于是沉默下来，不再开口；别人觉得你没礼貌，冷漠，不尊重人。所以，与人交谈时，一定要心无旁骛，保持专注。如果确实有特殊情况，你可以告知别人原因，为你的分神做出合理的解释，比如你需要随时注意着门外，因为你朋友有可能过来。

你的肢体语言也会给说话者提供一些线索，表明你是否对他说的话感兴趣。下页的插图展示了一些消极的肢体语言。当你交叉双臂和双腿时，说明你是在防御——哪怕你只是因为天气寒冷才这样！如果你低着头，避免眼神交流，就会传达出这样的信息：你在避免互动——哪怕你只是因为害羞，希望别人能主动过来跟你说话！人们看到这样的肢体语言，通常不会和你搭话，因为觉得你不易接近。如果你用手托着下巴，那就表示你很无聊。如果你把手放在背后，会显得不太友好，表示你对你的谈话对象或你听到的话不满意。我们现在越来越依赖手机，在参加聚会、宴会和会议的时候，很多人在低头看手机，有人还戴着耳机，似乎一直在忙。也许你是真的很忙，也许你是因为社恐，只好借着看手机或戴耳机来屏蔽外界的一切，但你给别人留下的印象是冷漠傲慢或难以接近。不要成为这样的人。如果确实需要接听重要电话或回复电子邮件和消息，那就暂时离开房间。在参加聚会、宴会、会议的时候不适合戴耳机，建议还是先收起来，等你去咖啡馆或是坐地铁的时候再拿出来，享受与外界隔绝的安静时光。

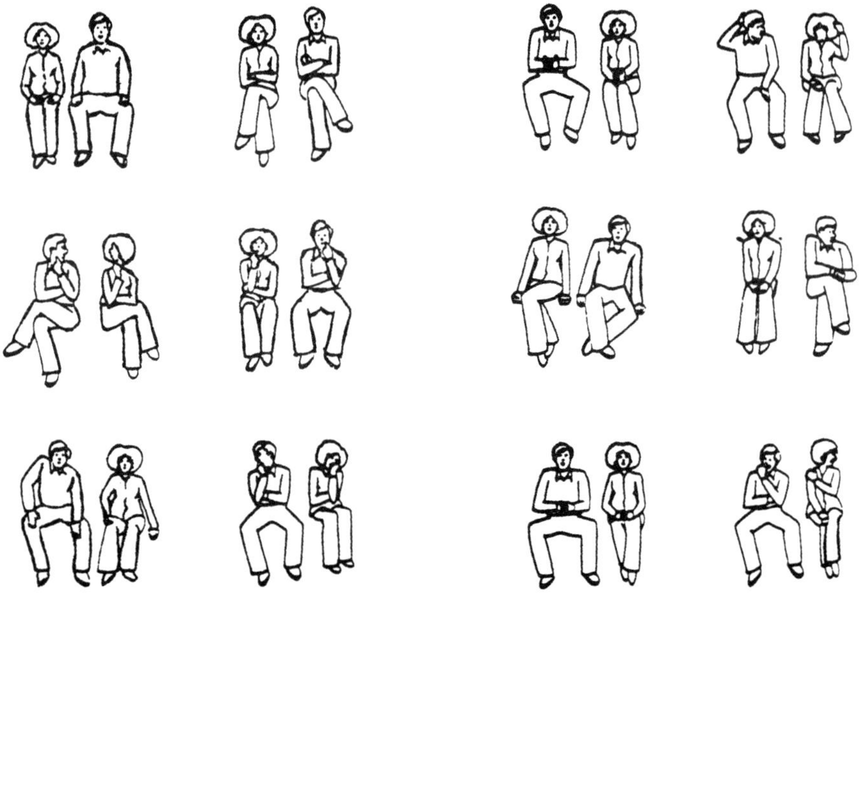

有很多方式可以表现出你对谈话对象的兴趣和热情。

传递给说话者积极信息的姿势

- 身体前倾
- 保持眼神交流
- 张开手臂
- 放松身体
- 面对你的谈话对象
- 点头微笑

要避免的令人反感的姿势

- 用手指着别人
- 用手捂着嘴巴
- 抚摸某个身体部位
- 摆弄身上的佩饰

- ✓ 用铅笔或钢笔敲桌子
- ✓ 抖腿
- ✓ 双臂交叉抱在胸前
- ✓ 把手放在背后
- ✓ 眼睛看向别处,不看正在说话的人
- ✓ 把手机拿在手里或放在桌子上——表明你在随时关注手机里的消息,容易分心

肢体语言要比其他的说话技巧难学,因为我们在很长时间内已经形成了自动防御机制和本能反应。比如参加聚会的时候,我们会因为害羞而低着头,会因为不安而一直用手拨弄头发。在面试期间,因为感到紧张,我们会坐得笔直。注意你的肢体语言在向外界传递什么信息。想要克服紧张的习惯并使用积极的肢体语言,需要多加练习,集中注意力。坚持下去,慢慢就会变得更松弛。如果你在人多的地方感到紧张,可以提醒自己,其实根本没有人会注意你,除非你是个名人,或者额头上有一只苍蝇。这样想就会缓解你的不适。

如果一直与谈话对象保持对视会让你觉得有点别扭,告诉你个小窍门:你可以看他双眼之间的位置。很神奇,这个微小的改变会让你们两个都更加自在。有人直视你的眼睛也一定会让你感到不安,略微调整一下,就能让你们既有眼神交流又很舒服自在。

你也可以调整自己的风格,模仿谈话对象的风格,从而让对方感觉更舒服。比如,如果你正在与一个说话很慢并且轻声细语的人聊天,那么你也要尽量压低声音,放慢语速。这并不是说你不能做自己,而是说当你在主导对话时,作为"主人",你有责任提高"客人"的舒适度。

用语言告诉对方你在倾听

语言反馈是视觉反馈的补充。如果缺乏语言反馈,会让说话者怀疑是否有人在听。有一次我给住在布法罗的父亲打电话,在电话中我跟他讲起孩子们的事,电话那头寂静无声。我立刻停了下来,问道:"爸爸,你还在吗?"他生气地说:"我当然在啊。我在听你说呢,你刚刚不是在说孩子的事吗?"我说:"我一直在说话,可你一点声音都没有,我还以为雪下得太大,把你埋在里头了。"他回答说:"我只是不想打断你啊!"

有各种形式的语言反馈可以让说话者知道你在认真听他说话,你对他说的很感兴趣,还想听他再多讲一些。你可以用语言表明你的积极态度,或者你对某句话不认同,或者你想听到更多关于某件事的信息。看看下面这个列表,了解一下在不同的情况下应该使用什么语言进行反馈。

如果你想表达	那就这样说
你有兴趣听到更多	能再多讲讲吗? 你当时是什么感觉?
理解了对方的话	哦,我明白了。
给予积极反馈	太有意思了!太了不起了!
和对方看法有分歧	换一个角度,你怎么看?
了解对方更深入的想法	同样情况下,你是否会…… 为什么?
讨论/反驳	有什么证据能证明吗?
你想参与进来	我能做这个吗?不知对我来说会怎样?
进一步确认	我不太清楚,你对这件事的看法 是怎样的?

如果你想表达	那就这样说
有共鸣，有同感	那一定很（令人失望、难过、气愤等等）。
追问，想了解更多信息	这么说是什么意思？你是怎么做到的？
了解细节	能举几个例子吗？
了解整体情况	总体来说怎么样？
展望未来	你觉得接下来会发生什么？
回顾过去	当初发生了什么？
了解相似点/不同点	你见过这样的事吗？／相反的观点是什么？
了解极限值/对比值	最不利的一面是什么？最大的好处是什么？／相较而言，哪个更好些？

还有一些语言反馈是通过转移话题来重新引导对话。下面这些例句，可以帮助你无缝接入新话题。

- 那件事让我想起了……
- 你提到_____时，我想起来……
- 你知道吗，我刚刚看了一个新闻，关于……
- 我一直想问问你关于……
- 我听说……（某件事情）的时候，就想到了你。
- 你是这方面的专家，有些事情我一直想请教……

所有这些语言反馈都能表明你在认真倾听，而且还能鼓励别人继续说下去。想象一下，有人问你一个问题，你做了回答，但你不确定你的回答中有多少信息是对方真正感兴趣的，如果在你回答之后对方给予一些语言反馈，就能帮助你确认对方真正的兴趣所在。语言反馈也是鼓励别人多讲话的积极方式，这样你就可以一边听他说一边吃芝士汉堡了！

如果是通过电子邮件或其他社交软件进行互动，在条件允许的情况下最好能够迅速回复，哪怕只是回一个"哈哈"，或者发一个"笑脸"，都能表明你在倾听和反馈。

很多人不喜欢接听电话，觉得是一种干扰。其实，听到对方的声音、语调和语言反馈，对你们之间的连接有很大的促进作用。

实际交谈要胜过发消息吗？当然！

在我小时候，家家户户使用的都是挂在墙上的老式电话。我清楚地记得，听筒和机身之间有一段长长的可伸缩的电话线。

现在我们已经离不开电话，它进化成了手机，变得越来越小巧，而且不需要电话线。它比任何人都更了解我们。但问题是，很多人不愿意用手机打电话，而只是用它来发消息、玩游戏、看视频、拍照。

手机最初的功能不就是通话吗？那为什么我们不愿意通话了？因为电子邮件和各种社交软件已经成为我们最主要的沟通渠道。可是，这种文字上的交流很容易造成误解。另外，大多数人害怕和人说话，宁可打字。

我们需要时刻提醒自己面对面交流的好处，以及与真正的人进行真正对话的价值。面对面的交谈可能稍微困难一些，但从口袋里拿出手机就可以进行语音通话。我们可以通过微信和邮件确认会议，但绝对不能用它们开会。信不信由你，面对面的交谈能给你带来更多的业务机会。

《哈佛商业评论》曾经发表过一篇文章，对当面交流与通过微信、邮件交流做了对比。事实证明，当面交流的成功率要高出 34 倍。

喜欢喋喋不休的人很少会注意倾听别人说话，而那些性格内敛的人说话很少，他们觉得这是善于倾听的表现，因此自我感觉良好——"别人说话的时候我能一直保持安静，说明我在认真听"。其实只听不说，会显得不够积极投入，也会让对话中断。所以，必须用语言表达出你在积极倾听，这很重要。

听完之后再简单复述一下

当你复述别人所说的话，或者复述你所听到的细节时，这就说明你已经听到并理解了对方的意思。如果你不同意对方的意见，或者希望他能解释得更通俗、更清楚一些，用刚才这个方法尤其有效。复述说话者说的话既可以表明你的理解是准确的，也可以帮助说话者意识到你误解了他想要表达的意思。比如，我对我丈夫史蒂夫不帮忙做家务很不满。我们讨论了这个问题，史蒂夫答应以后在家里多帮忙，我听了很开心。两周后，我对他大发雷霆，因为他在家还是什么都不干。我质问他说："你答应过要帮忙做家务，你打算什么时候开始履行你的诺言？""我在帮忙啊，"史蒂夫回答，"我一直在帮着收垃圾，每周四把垃圾拎到路边。""就这些？"我问。我希望的是史蒂夫承担一半家务，但显然他说的"多帮忙"不是这个意思。他答应我之后，我没有再进一步明确一下他的意思，而是自以为他和我想的一样。有时候，男人和女人说的话一样，但意思却完全不同。因此，最好再明确一下，以避免在工作和家庭中产生误解。

复述对方所说的细节还有一个意想不到的好处，那就是在对方情绪激动的时候能帮助他化解愤怒。当人们感到自己被理解了的时候，自然会冷静下来。有经验的客户服务经理都知道，通过复述愤怒的客户所说的话，可以让客户减少敌意。复述的时候要保持冷静，这样能显示出你的理性和专业性。

①
你答应过帮忙做家务，你打算从什么时候开始干？
我一直在帮忙收垃圾啊。

②
就这些？我要你多帮忙是希望你承担一半家务。
你没有说清楚啊。

③
我不仅负责洗衣做饭，还要打扫卫生，已经忙不过来了，我需要你帮我分担。

④
明白了，之后由我来负责打扫和采购。

在你要表达歉意和解决问题之前，先复述对方所说的细节，让对方知道他被认真倾听了。

- "那我周四之前能收到变更的预算吗？"
- "我们下次见面时讨论这个问题，你看可以吗？"
- "我了解了，您的食物没有及时送到，而且是凉的，对吗？"
- "你希望我们能尽早确定关系，是这个意思吗？还是你有其他想法？"
- "如果我赞助这个组织，我会得到_____的回报。我理解得对吗？"

提高倾听能力的 10 个要点

1. 首先你必须有意愿、有兴趣倾听，能集中注意力，不分心，不走神。

2. 要成为一个好的倾听者，需要给对方一些语言和视觉反馈，表明你正在倾听。

3. 表现出你期待听到更多信息。

4. 做一个全情投入的倾听者。用你的耳朵、你的眼睛和你的心倾听。

5. 多做笔记，这样可以帮助你保存信息。

6. 先仔细听，然后反馈。告诉别人你听到了什么，你会记得更牢。

7. 通过与说话者保持一致来建立融洽的关系。模仿说话者的手势、面部表情和语调，让你们的交流更加舒适。

8. 排除内部干扰和外部干扰。

9. 把"倾听"当作送给说话者的礼物。

10. 把注意力集中在当下，不要同时做许多其他事情，不要从对话中分心。

如果真的听不下去

如果你没有真正全神贯注地投入对话，那么任何语言反馈和视觉反馈都显得虚假，都是无效的。如果你真的觉得无趣，不想和对方继续聊了，那就礼貌地结束对话，不要表现出不耐烦的样子，让对方感到尴尬。

我曾经和一位不太熟的女士共进商务午餐。吃饭时我给她讲了我孩子的事，还提到我现在的丈夫是一名牙科医生。对话暂停几分钟后，她问我是否结婚了！显然，刚才我说话的时候她走神了。

不要因为你没有好好倾听而破坏一段关系。作为交谈中的一方，你的职责就是倾听对方说话。这不是可有可无的——这是交谈时必需的礼貌。如果你无法集中注意力听对方说话，那就找个借口，向对方表达歉意，然后结束对话。如果你不知道该如何结束交谈，那就继续阅读接下来的章节，我会帮你解决这个难题。

不要因为你没有好好倾听而破坏一段关系。作为交谈中的一方，你的职责就是倾听对方说话。这不是可有可无的——这是交谈时必需的礼貌。

| 第七章 |

提前准备，就不会冷场

如果你是和以前见过面的人再次相会，可以回忆一下你们之前聊天时提到的细节。不要等对话冷场时再回忆这些细节，而是要提前做好准备！

什么时候最不适合想话题？就是当你觉得无话可聊的时候。

即使你学会了开启对话、引导对话和积极倾听的技巧，如果你没有提前做准备，对话仍然会不可避免地出现冷场。在任何商务宴会上，都至少会有这么一桌人，聊业务聊了 10 分钟以后就开始冷场，大家只好尴尬地盯着盘子，绞尽脑汁地想话题。哪怕有一个人提前做了准备，都不至于大家一起沉默着研究桌上的美食。

坐在这一桌的 8 个人，每个人都知道自己要和 7 个陌生人一起吃饭。一个擅长聊天的人会事先做准备。别紧张，当然不是要准备 PPT、笔记本电脑和激光笔，这里说的准备是在来参加活动的路上想想聊天话题。以下话题可供参考。

聊天话题

- 有人看昨晚的那场决赛了吗?
- 你们看过那部电影吗?
- 我刚刚看完了_____，有人看过吗?
- 你们听说过那个新的_____软件吗?
- 刚听说一个新名词，有人能给解释一下吗?
- 谁能帮忙推荐一个（理财顾问、理发师、保险经纪

> 人等)?
> - 暑期休假你们打算去哪?

好久不见的熟人

如果希望对话顺畅而且愉快,你不仅需要破冰,还要根据对话的场合和对象调整话题。除了孩子之外,最难应对的交谈对象之一是没见过几次的熟人。也许你们一年前共事过、接触过,对彼此有所了解,但你不知道自从上次见面之后对方这一年发生了什么变化。我建议你最好假设对方情况有变化。比如说,你每年都会和一位合作伙伴共同参加一个行业活动,在过去这一年,你的合作伙伴可能换了新工作,也可能他的好友或亲人去世了,或者他刚从国外出差回来,又或者他结婚了或离婚了。总之,不要以一年前的情况为话题,也不要问"最近过得怎么样啊",可以用下面这些问题让对话继续下去。

适用于好久不见的熟人见面

- 给我讲讲关于……的最新情况吧。
- 你还在某某公司工作吗?
- 咱俩上次见面之后,你的生活有什么变化吗?
- 之前听你说,你儿子高中毕业后要……他现在做得怎么样?
- 咱们上次讨论的项目进展得怎么样?

不适用于好久不见的熟人见面

- 你的夫人/先生好吗?
- 你在……的工作怎么样??
- 你的婚礼准备得怎么样了?
- 你打算要孩子吗?
- 你的孩子准备考哪所大学?
- 你女儿大学毕业了吗?

如果你跟谈话对象很久没见面了，你想通过对话跟他拉近关系，那么问上面这些问题可能会适得其反。

聊聊过去

一段对话可能会经常陷入令人尴尬的沉默或冷场，你是想让对话气氛活跃起来还是就这样顺势收尾呢？如果是前者，你可以向你的交谈对象问一些关于他的过去的问题，比如：

- 你们俩是怎么认识的？
- 你的公司是怎么起步的？
- 你是什么时候开始对这个领域感兴趣的？
- 你当年怎么想到要来科罗拉多工作？
- 你当初是怎么想到要创业的？
- 那年发生了什么事？

如果你问和客户一起来的那个人"你们俩是怎么认识的?",你可能会得知他是客户的丈夫,或者是兄弟、同事或朋友。不要提前假设他们之间的关系,而要把问题留给对方,让他用最适合自己的方式回答。

为长时间的交谈做好准备

你要像准备面试一样准备一场对话,你既是面试官又是应聘者。当然,日常对话要比工作面试容易得多,但两者的应对方式是一样的。你需要提前想一些与当下事件或者你们之间的互动相关的问题,这样你就能热情大方、条理清晰地与对方交谈。我把这些问题称为"面试问题"。如果我要参加会议、宴会或任何类型的活动,在开车进入停车场时,或者当我准备接听一个提前约好的电话时,我会像准备面试一样,花两分钟思考一下"面试问题",这些问题要适用于我将要遇到的人或即将发生的情况。大多数人会发现,当自己坐在一个陌生人对面时,如果对他的情况还一无所知,很容易在对话中显得手足无措,非常尴尬,不知道该说些什么。想想看,什么时候最不适合想话题?就是当你觉得无话可聊的时候。下面这些"面试问题"可供参考,你也可以根据自己的习惯准备问题。

"面试问题"

- 你最喜欢哪家饭店？有什么特色菜？
- 你怎么想到要来参加这个活动？
- 周末你一般做什么？
- 你喜欢什么性格的人？
- 讲讲你工作中的高光时刻吧。
- 你今天工作忙吗？
- 你感觉带孩子最大的困难是什么？
- 你们那边的气候和这边不一样吧，你们那里怎么样？

如果你是和以前见过面的人再次相会，可以回忆一下你们之前聊天时提到的细节，比如他正在攻读的 MBA 课程，或者他每年都要参加的马拉松比赛，或者他家的爱犬。不要等对话冷场时再回忆这些细节，而是要提前做好准备！

深入聊天时的"面试问题"

- 你觉得哪个词最能形容你?
- 你有座右铭或人生信条吗?
- 你有特别崇拜的偶像吗?
- 如果要列一张遗愿清单,你会写什么?
- 如果能回到十几岁的时候,你会做什么?
- 哪两样东西是你不可或缺的?
- 你最自豪的事是什么?
- 你成功的首要因素是什么?你的秘诀是什么?
- 你永远都不想再做的事情是什么?

对话中的非语言部分

在上说话课的时候,我最喜欢带着大家做"毛线球"的游戏。选10到12个人组成小组,围成一圈,给其中一个人一团毛线球，这个人要讲几件关于自己的事情，然后把毛线球扔给小组中的另一个人。接到毛线球的人要就刚才那个人说的事进行提问，然后再讲几件自己的事，再把球扔给下一个人，依次往复，直到小组中的每个人都接到一次毛线球。

这个练习会让参与者意识到几件事。首先，他们不知道自己什么时候会接到球，所以要认真倾听每个人说的话，只有专注地听，才能在接下来的时间问出有针对性的问题。其次，他们学会了集中注意力提出恰当的问题或给出恰当的语言反馈，这是让对话顺利进行下去的最简单的方法之一。最后，他们知道要注意身体语言。因为说话者在扔毛线球之前要和对方进行眼神交流，暗示他"我要扔球给你了"，这样才能保证球不掉在地上。如果说话者根本没有眼神交流，或者倾听者也没注意到，对话就会像毛线球一样掉到地上，游戏戛然而止。

提前做好准备有助于确保对话不出问题。如果你要参加的活动需要长时间和同一群人在一起，比如晚宴、聚会或会议，那你一定要提前准备好破冰话题以及进行更长时间的对话所需要的更多话题。这并不难。如果你担心自己想不起来，可以提前记在手机备忘录上，参加活动前拿出来看一下。

有一个话题你不准备也能脱口而出，那就是：关于你自己。

① 我的孩子今年上小学了。

② 他在学校适应得如何?

③ 还可以,他已经交到了新朋友,就是有点太贪玩了。

诺米最近有点顽皮……

④ 我的孩子也是成天缠着我买玩具。

猫爬架?

无论你准备了多少个话题，你迟早也要谈论一下自己。高质量对话的原则是既有来言也有去语，如果你只是提问，你的谈话对象会觉得这不公平，因此感到不满。谈论自己很重要，但对某些人来说是个挑战。过去我也害怕谈论自己，我发现，大多数不愿意谈论自己的人是担心以下一种或两种情况：

1. 自己的生活太乏味，说出来没什么意思。
2. 说自己的事会显得太自我中心或者自恋。

我们都是普通人

其实大多数人都是普通人，过着平凡的生活。我们都会为还房贷发愁，为孩子的教育问题焦虑，我们都要照顾年迈的父母，会在工作之余偶尔去度个假，业余时间发展一些小爱好，放松一下。我们的相似之处多于不同之处，作为人类的共性为我们的联系和交流打开了大门。但是，即使是普通人也会有不寻常的事情发生，讲讲这些事会让对话变得更精彩。我认识的每个人都有这样或那样的非凡经历，聊着聊着，你就能听到一个令人捧腹的事件、一个开心愉快的假期、一段艰辛坎坷的经历、一项激动人心的成就、一个大团圆结局的故事、一次不可思议的巧合或者一场惊心动魄的冒险。好好回忆一下，然后把它们讲出来，这些事都可以成为很好的聊天素材。

说深说浅看场合

谈论自己也要把握好度，否则会招人反感。大家还不太熟的时候，你可以多讲讲自己的积极正面的事，慢慢建立信任和亲密感，再逐步发展友谊或者合作关系。这种对话有点像剥洋葱——你可以根据和谈话对象的熟悉程度来决定自己分享到哪个层面。

如果你的谈话对象告诉你他刚买了一辆新车，那么你跟他说你最近心情抑郁就不太合适。分享更私密的话题需要看对象和场合。如果你去参加一个心理健康讲座，那么和讲座上认识的朋友讨论抑郁症是合适的。记住这一点——聊天的话题应该适合当下的情形。

我最近参加了一个商务晚宴，和我坐在同一桌的是7个素未谋面的陌生人。我们聊着聊着就陷入了冷场，大家都觉得是时候拿出手机看一下了。于是我承担起了引导对话的重任，开始讲起我和家人度假的事。我说："去年春天我们全家去墨西哥度假，

① …… ……

② 去年春天我们全家去墨西哥度假了，住在地中海俱乐部，玩得特别开心。大人小孩都能找到合适的活动。

③ 听起来不错！我正在规划今年假期带家人去哪里旅游。我可以把预订链接发给你。

④ 说到休闲度假中心，我也去过一个很不错的地方……

住在地中海俱乐部（Club Med），玩得特别开心。那里是一价全包，提前支付一笔固定费用，到了那就不用再花什么钱了，可以随便吃，随便玩，可方便了。孩子们想喝可乐就自己去拿，不需要我跟着去付钱。那里每天都会安排适合大人和小孩的各种活动，可以根据自己的兴趣任意选择。"

我用这个度假故事完成了三项任务，让对话重新活跃了起来。首先，我给大家讲了关于我自己的事情，拉近了我们的关系，让对话氛围变得更轻松，能够带动大家继续聊天。其次，我提出了一个新的话题，为其他人提供了聊天素材。最后，我让同桌客人有机会分享他们自己的经历。果然，我讲完后，大家立刻活跃起来，其他人也开始分享自己的度假经历，从这些经历中又延伸出新的话题，对话就这样愉快地进行下去了。

要承担起对话的责任，首先就得抛出自己的故事，这样其他人就会效仿你，像你一样聊聊自己。不必局限于谈论某个事件或某段经历，也可以分享你读过的书、去过的餐馆或看过的电影，谈谈你的感受和观点。例如，我曾在一个颁奖晚会上与一位男士交谈。他说："我在这里真的很紧张。我同事出差了，我是一个人来的，谁都不认识。"我告诉他，我过去参加这种活动也是特别紧张。几句简短的交谈就使他放松下来，然后我们开始聊其他话题，聊得非常开心。

不适合聊的话题

除了一些特殊情况,在平常的场合请避免这些会引起争议的话题,它们很可能会让对话在不愉快中结束。

1. 充满低级趣味的故事
2. 没有根据的流言蜚语
3. 诉说个人的不幸,尤其是现在正在经历的不幸
4. 问别人某件东西花了多少钱
5. 在你不知道其他人的立场时,贸然谈论有争议的话题
6. 你(或者别人)的健康问题

有一种特殊情况——如果你的谈话对象打着石膏、挂着拐杖或缠着绷带,很明显就是受伤了。这种情况下你如果回避询问对方的身体状况,那就是把这个问题当成了"房间里的大象",显然很不合适。

在公共场合聊天,大家都能接受的话题有很多,但也有一些话题是禁忌。如果你不确定某个话题是否合适,并且在说出这个话题之前有些犹豫,那么最好不要说出来,以避免冒犯到谈话对象。当我不确定的时候,我就会想起那句忠告:如果你不确定要

不要说，最好就不要说。

四方格游戏

我们上学的时候经常玩四方格游戏（Foursquares）：在地上画四个方格，四个孩子每人一格。第一个孩子（发球者）把球拍到另一个孩子的格子内，另一个孩子再将球拍到下一个孩子的格子内，依次类推，同时还要注意球不能压线或出界。我们与人对话有点像玩四方格游戏，游戏要求每个人时时刻刻都要把注意力集中在球上，游戏中的一些人可能出于和你一样的原因不愿意接球，比如害羞、自卑、内向、不喜欢被关注等。你必须帮助他们，否则游戏就会以失败告终。

要开启一段对话并让对话持续下去，最简单的方法之一就是赞美对方。夸人并不难，每个人身上都有闪光点，坦诚地告诉对方你欣赏他的地方，会让你们两个人迅速建立连接，感觉更良好，关系更融洽，也会让交谈变得更轻松。关键是赞美要真诚，是发自内心的认可。马克·吐温曾经说过："仅凭一句真诚的赞美，就能让我多活两个月。"

提前做好准备有助于确保对话不出问题。如果你担心自己想不起来,可以提前记在手机备忘录上,参加活动前拿出来看一下。

我结婚之前和我的闺密凯伦聊天,说起我曾经交往过的两个男人——本和史蒂夫。我说:"本很有幽默感,英俊帅气,魅力十足。他经常带我去世界各地旅行,周末还陪我去山里度假。他高尔夫球打得很棒,各方面都很优秀。"

凯伦听得两眼放光:"哇,简直就是完美先生,真开心你能嫁给他。"

我回答:"不,我要嫁的是史蒂夫。"

凯伦愣住了,满脸疑惑地问我:"本那么有魅力,你为什么要嫁给史蒂夫?"

"因为他总是赞美我,让我觉得自己很特别。"

真诚的赞美会产生巨大的力量。每个人都希望自己的优点能够被看见、被欣赏、被认可,这种感觉无比美妙。

顶级的赞美

赞美也分等级。假如我们要赞美某人的新发型、衣服、佩饰或外表,一般的赞美只是泛泛而谈,比如"你的毛衣真漂亮"或者"你的领带很好看"。而顶级的赞美是详细说明你欣赏的原因,着重强调细节，并以此作为聊天的素材，比如"我好喜欢你这件毛衣，衬得你的肤色特别亮"或者"这条领带的配色看起来很舒服，和你的西装特别搭"。注意，不要在工作场合随便夸赞异性的外表，会有性骚扰之嫌。

如果你碰到的人没那么时尚，你并不是很欣赏他的穿搭或服饰，不要紧，你可以赞美他的私人物品，比如他的家居用品、文具、新买的车，甚至是他正在用的咖啡杯。一般的赞美是："你的家好漂亮。"顶级的赞美是："你家里布置得真有品位，我喜欢这些挂画，色调柔和，灯光打在上面让人觉得很温暖。"

除此之外，你还可以关注并赞美别人的行为，这也是和孩子交谈的最好方式。不要光盯着他们做错了什么，试试赞美他们的积极行为，这样更有利于你们的沟通，拉近彼此的关系。不只是孩子希望自己的行为得到称赞——如果成年人的行为得到认可，他们就会真正敞开心扉。

我女儿莎拉是房地产经纪人，某个周末，她带着一对夫妇看房子，开车转了许多街区，还去了郊区，看了三十多套房子。六个小时过去了，这对夫妇仍然没有找到满意的房子，两个人都有些泄气，也提不起精神说话了。我女儿说："我真的很佩服你们，知道自己想要什么，一点都不将就，这样就能避免以后后悔。"

这对夫妇听了她的赞美特别开心,尽管那个周末他们一无所获,但是得到认可后又重新振作起来,跟我女儿约好时间继续看房。

对行为的赞美还有:

- 特别感谢你把这次会议安排得井井有条,让我们的工作顺利推进。
- 在你职业生涯的巅峰换工作真的需要很大的勇气,我很佩服你。
- 你真有毅力,能坚持马拉松训练,取得这么好的成绩。恭喜你。
- 我知道你最近工作特别忙,你能抽时间过来我好开心。
- 你总是那么乐观,和你一起工作真是一种享受。
- 你有三个小孩,还能让家里一直保持整洁干净,真不知道你是怎么做到的,实在是太厉害了!

① 我们是不是太挑剔了？看了三十套房子，还是找不到合适的。

② 我真的很佩服你们，知道自己想要什么，一点都不将就，这样就能避免以后后悔。

③ 你说得对！我们还是应该选择符合自己心意的。

④ 我们想下周约你继续带我们看房，可以吗？

我很乐意为你们服务！

再次强调，成功赞美的秘诀在于真诚。你可能会发现，被赞美的人有时候很难坦然接受赞美，他可能会谦虚地表示否认，或者立刻赞美你几句，作为对你的回报。如果是这样，你可以再次表明你的真诚，并转换到另一个话题。

抛出问题

除了赞美对方之外，还有一种让不爱说话的人加入对话的方法，就是问他一个问题，相当于把毛线球扔给他。除了第二章讲到的破冰问题，还有四个方面的问题也适用于社交场合，包括家庭、工作、娱乐和其他杂七杂八的问题。

家庭

你家乡是哪里的？

你什么时候搬到这边来的？

你跟父母住在一起吗？

工作

你为什么选择这家公司？

你是怎么想到这个创意的？

你在工作中遇到的最大的挑战是什么？

娱乐

你平时去哪里健身？

你周末会带孩子去哪玩？

休假时你喜欢做什么呀？

杂七杂八的问题

你最近看了什么好电影吗？

对于（某个新闻事件）你怎么看？

你最近读了什么好书吗？

无论聊什么话题，都要确保你是在真诚地表达。如果你对别人说的话不感兴趣，那么准备得再周密都无法挽救注定失败的对话。兴趣是无法假装的，如果你真的对谈话毫无兴致，可以向对方表示歉意，然后再找其他能交流的人。

随时复盘

到目前为止，你已经掌握了自如对话的技巧。练习过程中，你可以随时复盘，看看自己取得了哪些进步，还有哪些地方需要改进。还记得开篇的测试题吗？现在再来回答一下吧！

社交水平测试

请对下列问题回答"是"或"否"。

1. 我今年至少参加过一次社交活动,目的是寻找新的合作伙伴、发展新客户或结交新朋友。

　　　　　　　　　　　　　　　　□是 □否

2. 在和别人交谈的时候,我会把握"轮流发言"的原则,既不会唱独角戏,也不会沉默不语,因为这样才能更多地了解别人,同时也让别人了解我。

　　　　　　　　　　　　　　　　□是 □否

3. 在过去的一年中,我利用我的人脉帮助至少两个人找到了新工作、发展了潜在的客户、认识了男朋友/女朋友。

　　　　　　　　　　　　　　　　□是 □否

4. 我每个月至少参加两次线上或线下活动,因为我想多认识一些人,比如同行或者有共同兴趣的人。

　　　　　　　　　　　　　　　　□是 □否

5. 别人对我很友好,我也会对他友好。不过,我不会等到别人示好之后才对他表示友好。

□是 □否

6. 如果有人问我最近过得怎么样,我不会回答"还行",而是会给他讲讲最近发生的一些新鲜事。

□是 □否

7. 在会议、聚会、招聘会这样的场合,我会主动向陌生人介绍自己,离开时至少知道三个新认识的人的名字。

□是 □否

8. 参加线上会议时,我不会关闭摄像头,除非有特殊情况不允许视频。我会展现积极的肢体语言,和大家保持眼神交流,同时认真倾听别人的发言。

□是 □否

现在的你做得怎么样？如果你回答"是"的不多，可能还需要继续努力，改变原有的习惯。建议你把想要实现的目标写下来，集中精力去实现这个目标，直到它变成日常习惯，然后再冲刺下一个目标。比如每周至少与三个新认识的人——遛狗时碰到的邻居、一起等待开会的同事、孩子课外班同学的家长等等——开始交谈。我之前提到过，你可以把这些社交互动当成任务，每周给自己安排三个任务，去结识新人、新朋友。通过持续的实践，你会自然而然地形成习惯，也会获得丰厚的回报。

即使是普通人也会有不寻常的事情发生,讲讲这些事会让对话变得更精彩。

第八章

不怒自威的说话方式

与人交谈时不能咄咄逼人,但要坚定自信,掌握主动权。回想一下:你是不是经常说一些模棱两可的话,表现得很怯懦软弱、摇摆不定?你在对话中使用的词语可能会传达出你并不希望传达的信息。

我们所说的话代表了我们这个人，我们要学习用语言展现自我，传达出内心的力量。

与人交谈时不能咄咄逼人，但要坚定自信，掌握主动权。你的说话方式要能传达出你的力量。回想一下：你是不是经常说一些模棱两可的话，表现得很怯懦软弱、摇摆不定？你在对话中使用的词语可能会传达出你并不希望传达的信息。如果你说"请尽量明天之前给我答复"，就无法表明你坚决的态度，给别人留有很多余地。餐厅的服务员是否对你说过"这个菜已经做了，不能退"？客服在回答你的询问时是否会说"我核实一下"？阅读这一章的时候你会发现，某些表达和陈述以及问题可能会把对话引到意想不到的方向上。当你处于以下场景时，请注意一下你在对话中是如何表达自己的态度的。

- **什么时候能准备好？**
  要让自己掌握主动权，**改成：**
  你能在周二之前准备好吗？
- **我怕给你推荐的店不合适。**
  怕什么？怕犯错误吗？**改成：**
  我不知道该推荐你去哪家店。要不你试试去_____找找有没有你要的东西。

- *这里的物业费似乎有点高。我个人觉得小区的管理水平还有待提高。*

  这句话传达出的意思是你对自己的观点信心不足,这样的说法会让人觉得你过于谨慎和胆怯。**改成:**

  我觉得小区的管理水平不足,这样的水平配不上这么高的物业费。

- *能打扰你一下吗? 能问你一个问题吗?*

  你已经打扰别人了,所以如果你想在别人忙碌的时候打扰他,只需直接问问题! 礼貌起见,**你可以说**"抱歉打扰了",然后问问题。

- *我得问一下别人。*

  你是谁? 你不是人吗? **改成:**

  我会请财务部门查询并尽快回复你。

- *说实话,我玩得很开心!*

  你难道不是一直说实话吗? 你是在特别强调你的"坦诚"而不是其他内容吗? **改成:**

  我玩得很开心!

- *如果我能找到解决办法……*

  用"如果"这个词说明你的预期很低。要提高预期,增加自信。**改成：**

我会研究一下，然后给你一个确定的答复。

- *我只是个……*

每个人的角色或工作都重要，这样说是自卑的表现。应该阐明你的专业能力和负责的领域。**改成：**

我主要负责网站开发。我会帮你跟销售部门核实一下你的订单。

- *我今天上午没时间见你。*

这样的表达暗示你不愿意想办法满足对方，或者把这件事当成了负担。应该告诉对方你能做什么。**改成：**

今天下午三点我能过去。

- *我尽量在本周交给你。*

"尽量"这个词传达出你的不确定、不可靠。告诉别人你将要做什么，而不是你希望能做到什么。**改成：**

我会在下周三之前交给你。

- *我必须……*

"我必须问问我丈夫"或者"我必须问问我的领导"，听起来你很为难。**改成：**

我和我丈夫（我的领导）商量一下，然后回复你。

133

- *这段时间我很忙，你明天再给我打电话吧。*

  听起来像是在给别人下命令，会加重别人的心理负担！谁都不喜欢被人命令。**改成：**

  你可以明天给我打电话，那个时间段对我来说更合适。

- *我真的不太确定。*

  其实你确定，你确定你不知道！**改成：**

  我不知道怎么去科尔法克斯。你可以问问詹妮弗，她经常去那边。

- *方便问一下你的名字吗？*

  问别人的名字是不需要征求意见的！**改成：**

  请问你的名字是？

我们所说的话代表了我们这个人，我们要学习用语言展现自我，传达出内心的力量。

①
什么时候能准备好？
我现在很忙，我也不知道啊。
②
你能在周二之前准备好吗？
应该可以。
③
能打扰你一下吗？能问你一个问题吗？
你已经在打扰我了……
④
抱歉打扰了，我想问一下这份资料在哪里可以找到。
让我来看看。
⑤
去科尔法克斯是走25号公路吗？
我真的不太确定……
⑥
我不知道怎么去科尔法克斯。
你可以问问詹妮弗，她经常去那边。
谢了。

谈论自己也要把握好度,否则会招人反感。大家还不太熟的时候,你可以多讲讲自己的积极正面的事,慢慢建立信任和亲密感,再逐步发展友谊或者合作关系。

| 第九章 |

你是对话杀手吗？

每个人都有人性的弱点，都可能会犯某种对话错误，如果你把自己说的话录下来，就能发现问题。

和别人交谈时,一次讲话绝不超过五分钟,五分钟一到就打住,让其他人继续说。当我们谈论自己的时候,时间总是过得飞快,一定要特别注意这一点。

我经常到全国各地旅行，跟各种各样的人聊天。我发现对话杀手似乎越来越多，一不留神就会被他们伤到。如果你和这样的人聊天，很有可能会遭受严重的精神折磨。如果他们让你感觉不舒服，请保持冷静，小心应对，做好防范。

经过广泛调查，我把对话杀手分为八类。根据他们的不同特征，我总结了一些防范技巧，可以帮助你远离伤害。

审讯式问话者

我们都在电视剧中看过 FBI 探员的审讯，他们就像机枪发射一样，一个问题接一个问题地发问：你是做什么的？你是哪里人？你结婚了吗？有孩子吗？在这里住很久了吗？你干这个工作多久了？你母亲姓什么？

FBI 探员不会给嫌疑人任何喘息之机，嫌疑人不能发表意见、问问题，甚至不能喝水，更别提打电话向律师求助了。为了跟上探员的节奏，嫌疑人只能给出简短的回答。探员似乎只是例行公事，随机抓住一个人盘问，审讯结束后就把他丢在一边，然后继续审问下一个嫌疑人。

①
你今天在学校过得怎么样？
我……
BEAR FACTS NEWS
②
你在课堂上表现得好吗？
我……
③
学到什么新东西了吗？
我……
④
你应该认识了一些新朋友吧？
我……
⑤
重要的是过得开心，对吗？
我……
⑥
我可以走了吗？
⑦
当然。
⑧
陪孩子聊天多么重要啊！

审讯式提问几乎是无效的，如果探员能够问一些开放式问题，嫌疑人就会在不知不觉间透露大量信息，效果显然会更好。探员的另一个错误是，在嫌疑人给出简短回答后就立刻问下一个问题，而不是就刚才的回答继续追问，深入挖掘，直到发现作案动机、不在场证明、作案时间以及背景等信息。

要想获得有用的信息，探员应该先聊聊自己，让嫌疑人放松警惕，把审讯变成聊天，缓和一下紧张的气氛。探员也可以问一个开放式问题，在嫌疑人回答后立刻跟进，根据接收到的线索再深入挖掘。比如让嫌疑人描述一下日常工作的一天，接着问他这份工作的主要内容是什么，他是如何做的。

要避免审讯式的对话，有个好方法是把自己当成对话中的"主人"，充分照顾"客人"（谈话对象）的感受、舒适度，放慢语速，把握对话节奏，认真倾听，深入探询，这样对话就能顺畅地进行下去。

自夸者

第二类对话杀手是自夸者。在进行自我介绍的时候，自夸者会炫耀自己的成就，美化事实，用非常夸张的方式吹嘘自己。他们通常为人张扬、高调、傲慢，力求成为全场瞩目的焦点。人越多他们就越兴奋，越能虚张声势。

自夸者时时刻刻都要给你讲一个"世界舍我其谁"的故事。比如他买股票大赚了一笔，因为他很有眼光，选择了一只长线股票进行投资。他儿子不仅学习成绩优异，还多才多艺，拿过好多比赛的大奖。他不会给你讲细节，只告诉你他是多么成功、多么优秀、多么有智慧。他想不通为什么别人就是做不到他这样。

自夸者有个好兄弟，叫"凡尔赛人"，这种人最擅长的就是分享一些看似平常但其实暗含了高端生活细节的内容，极其隐秘地秀优越感，目的是让别人崇拜他、羡慕他、嫉妒他。比如她会在闺密聚会时说起她好久不上班了，到各处旅行都有点腻了。又说她刚去了一趟法国的里维埃拉，其实住的时间长了也没什么意思。她还会问你家孩子是否被邀请参加毕业晚宴了，只是为了之后向你炫耀她女儿在邀请名单上。

还有一些凡尔赛人喜欢拿出手机向你展示她们英俊帅气的丈夫、名校毕业的儿子或漂亮宝宝的照片。不管你想不想看，她们都会不厌其烦地滑动着屏幕，一张接一张地让你看。

要想避免被自夸者和凡尔赛人伤害，唯一的方法就是把私人

① 我老公这审美实在有问题,送我的法拉利颜色太难看。

② 上个月我们去了法国的里维埃拉度假,风景千篇一律,真是太没意思了!

③ 唐娜,你的女儿有没有被邀请参加毕业晚宴?
哦,还没听说……

④ 我女儿麦琪已经收到邀请函了!她是全年级第一个!

话题转换为大众话题，比如说说最近的热点新闻。你也可以把话题转移到你的生活上，讲讲你眼下正在做的事。和他们正面交锋是没有用的，因为你阻止不了他们的炫耀和自夸，你唯一的撒手锏就是转移话题。

秀优越感的人

当你的朋友跟你大吐苦水，说自己每天坚持锻炼有多辛苦的时候，你没有问她都做了什么运动，或者究竟是哪里不舒服，而是紧跟着说"我也一样"，然后开始抱怨周一上完普拉提课浑身酸痛，周末又去山里徒步，脚都磨出了水泡。也许你只是想借此拉近彼此的关系，但是在你的朋友看来，你真的很讨厌，因为每次和你说话都像是在一较高下。

喜欢秀优越感的人一般不会自夸，但他们总是会通过打压别人来展示自己的优秀，在对话中总是要占上风，让别人觉得心里很不舒服，而他们自己往往还意识不到，甚至觉得这是善于倾听、有同理心的表现。

你在生活中一定遇到过这种人。举个例子，布莱恩失业了，正在找工作。他和约翰说起这件事,约翰并不关心布莱恩找工作的进展,反而开始倾诉自己在工作上遇到了多少困难,似乎布莱恩的失业和他的困难相比根本不算什么。约翰没有给朋友提供解决方案,没有给予关心和鼓励,而是和朋友"比惨",潜台词就是"我比你更强大"。可能约翰以为这样做能够安慰到朋友,但其实他只是把对话焦点转移到了自己身上。

罗丝和男友史蒂文的感情出了问题,她想和好友雪莉倾诉一下。刚说了开头,雪莉马上就说:"亲爱的,我知道你的心情,我和安东尼也是……"雪莉以为自己是在对罗丝表示共情,但其实她并没有真正共情。她打断了罗丝要说的话,把焦点从罗丝身上转移到自己身上,开始叙述自己的感情经历。

我的朋友薇薇安给我讲了她在一次晚宴上听到的恐怖对话。她和同事凯西一起去参加晚宴,凯西发现有位女士和她撞衫了。当那位女士向她们走过来时,凯西问:"你这件衣服在哪买的?"女士说了一家高档名牌店的名字,凯西接下来说的话让薇薇安大吃一惊。她说:"哦,我这件是在旧货商店花 15 美元买的。"

女性有个通病,就是喜欢谈论自己的孩子。当别的女人讲自己孩子的故事时,我总是要拼命克制自己不要插嘴说起我的孩子。因为我对她说的故事没有太大兴趣,所以我有些走神,开始

①
最近我和麦克分手了，他总是指责我没有时间陪他……
亲爱的，我知道你的心情。
②
是吗？
对啊，我和安东尼也是……
③
他总是没完没了地发短信问我在干什么，好像完全离不开我似的！
④
他还嫌我们两个在一起的时间不够多。我不是一有空就去找他吗？
……

回想我的孩子在那个年龄段的表现。我越想越兴奋，恨不得马上讲讲我的孩子。这场对话注定不会冷场，因为每个人都急于分享，可这对发起话题的人是不公平的。她本来只想讲自己的孩子，没想到却唤起了所有人的分享欲。意识到这一点很重要。我们要学着对别人的故事感兴趣，集中注意力听别人的故事，不要急着打断别人，然后把话题转移到自己身上。当然，在你有分享欲的时候，保持沉默对你来说是一种折磨，但一定要克制自己，不做对话杀手，花几分钟时间认真地倾听。我们对自己的故事已经了如指掌，对别人的生活、工作和经历却一无所知，所以，对他人保持好奇心，才会拉近彼此的关系。耐心地等对方说完之后，再分享你们之间的共同点，让对话继续下去。

请注意，有个常用的秀优越感的句式是"我早就……"。当一个人以这三个字开头时，就是在告诉对方，"你说的故事很老套，你的经历很普通，我早就听说过，我早就经历过，我早就见过，我早就做过，所以你不用再浪费时间说下去了"。

琳赛是个很不错的人，但在和人聊天时，她有时也难免会犯秀优越感的错误。当别人分享自己的经历时，她总是打断对方说："我知道，我也经历过这种事。"她的朋友朱迪跟她讲去南美洲度假的故事：在亚马孙河，有个女人被一只巨大的毒蝎子蜇伤了。琳赛马上插嘴说："我在热带雨林里看到过一只像你的帽子那么大的长腿蜘蛛。"朱迪拍了拍她的胳膊说："琳赛，我正在讲我的故事。"

话题垄断者

话题垄断者的突出表现就是旁若无人地念叨自己那点事，根本不给别人发言的机会。即使是一个非常内向或害羞的人，也可能成为话题垄断者。我们都在社交媒体上看过那种长篇抒情散文，写作者沉浸在自己的世界里，详细描述自己的经历和情感，误以为全天下的人都对他的故事和观点感兴趣。好在如果我们不想看，还可以选择不看，但如果在生活中遇到话题垄断者，那就避无可避了。只要他们加入对话，基本上就变成了独角戏。话题垄断者会滔滔不绝地聊自己的事，自曝隐私，只为获得众人的关注，根本不管别人听了是否感到不适。

话题垄断者从不觉得自己有问题，甚至觉得这样做是为了不冷场。如果一个害羞内向的人发现大家对她讲的练瑜伽和升职当了总监的事感兴趣，她就会像打了兴奋剂一般，自说自话整整十二分钟，根本停不下来。其实，要想不冷场，正确的做法不是独霸话题，而是把话题转交给对话中的其他人。我给自己定了一个规则：和别人交谈时，一次讲话绝不超过五分钟，五分钟一到就打住，让其他人继续说。当我们谈论自己的时候，时间总是过得飞快，一定要特别注意这一点。无论我对这个话题有多少话要讲——比如我是如何创业的或者如何遇到现任丈夫的、为什么会转行从商以及我的孩子有多可爱——只要时间快到五分钟了，我就会通过提问把这个话题交给其他人。任何人都有可能成为话题垄断者（这是网络时代人们的通病），请反思一下，确保你不是这样的人，时刻注意克制你的表达欲！

如果你是独自面对一个话题垄断者，那么有这样几种处理方式。假如对方是你的老板、客户或丈母娘，你最好忍耐一下，认真倾听。偶尔可以通过改变话题、聊聊自己或者向他们提一个合适的问题，让他们的独角戏暂停一会儿。不过，你是无法改变别人的，要让话题垄断者完全停下来是不可能的。假如你和他们的关系很紧张，那就干脆放弃抗争吧，就当自己是在做善事了。

在某些情况下，你是可以果断地制止话题垄断者的。赛车比赛中的白旗是用来提醒车手适当减速的，在你的忍耐力快要达到极限时，你也要举起这样的白旗，作为对话题垄断者的提醒。比如，在办公室，你的同事艾米来找你吐槽，诉说自己在公司受到的不公正对待，可是你手头有一件紧急的事要处理，你现在根本没心情听她的抱怨，那么你可以这样说："这件事确实不公平，不过我只能再听你讲五分钟，五分钟之后我得赶紧去做下个月的财务预算。"你非常有礼貌地提醒了艾米，让她知道你需要尽快结束对话。在艾米继续讲了五分钟之后，你可以用这句话结束对话："不好意思，艾米，我得去做预算了，我们另找时间再聊。"现在，你可以专注地做预算了，不用担心得罪了同事。你很善良，乐于倾听，也愿意帮助他人，同时你也非常体贴地提醒了对方要结束聊天的时间。你做得很好！

如果是三个或三个以上的人一起谈话，那么你就要扮演主持人的角色来阻止话题垄断者。我大学时的好友每年都会聚会，洛莉以话题垄断者著称。既然我从事说话培训的工作，我觉得自己有义务帮助大家，让对话愉快地进行。所以，在洛莉唱了五分钟独角戏之后，我打断她说："洛莉，你儿子真棒。玛丽莲，你的孩子们最近怎么样？"像这样，把洛莉儿子的故事顺利过渡到玛丽莲的孩子，既能让话题继续，又让其他人有说话的机会。在同行聚会上，乔一直在讲他对行业现状的看法，这时候你可以说："今年市场不景气，大家都很艰难。杰瑞，你们公司今年发展得

①
这个月办公室有三个人请假，我们领导却把他们的工作都交给我！
②
这件事确实不公平，不过我只能再听你讲五分钟，五分钟之后我得赶紧去做下个月的财务预算。
③
而且那个新来的实习生什么也不会，领导却只怪我工作没做好……
④
不好意思，艾米，我得去做预算了，我们另找时间再聊。
哦……好吧。

怎么样?"扭转对话局面的关键还是话题垄断者。如果他们自己能意识到唱独角戏会引起其他人的不适,及时打住,把"话筒"交给别人,就能让对话顺利地进行下去。

记住,作为主持人,你的任务不仅是让话题垄断者"交出话筒",还要让其他人,尤其是那些一直保持沉默的人加入对话。你可以对他们提出一些问题,或者和他们讨论某个观点。总之,不管有没有话题垄断者,你都要注意把"对话球"抛给每一个人。

爱插话的人

一定要小心爱插话的人!我想知道这些爱插话的人是不是小时候经常被禁止说完一句话,所以长大了要报复。爱插话的人都是急脾气,没有耐心听别人把话讲完,总想立刻表达自己的观点。我以前也有这个毛病,经常在我丈夫说话的时候打断他,让他很不舒服。他了解我的性格,不想和我起冲突,可在我多次打断他之后,他终于爆发了。

他通常都是先发表观点,然后陈述理由。如果我不同意他的观点,我就会不等他说完直接插话。我可没有耐心花三分钟时间

①
热水器坏了，我打算……
去附近店里买新的吗？
②
不是，上次我在那家……
那家店不行，得去大点的电器城。
③
我是说我打算……
要不你打电话问鲍勃吧，他家刚买了一个新的。
④
你为什么老是打断我说话？

听他的陈述，对我来说那就好像一生一样漫长。大多数爱插话的人都和我一样，打断别人是因为知道别人接下来要说什么，我们不想浪费这个时间，或者我们认定对方是错的，必须赶紧纠正。

我有过一次失败的婚姻，我知道这种缺乏耐心的沟通方式会破坏亲密关系，所以当我丈夫提出意见后，我就意识到了自己的问题。随意打断别人说话是不礼貌的行为，只有在两种情况下，你可以这样做：第一，你有急事要离开，需要立即结束对话；第二，对方所说的话让你感觉极不舒服，你需要转换话题。

摆臭脸的人

摆臭脸的人绝对是顶级对话杀手，他们拒绝按常理出牌，会一次次扼杀对话。对于开放式问题，他们总是冷嘲热讽或给出冷漠敷衍的回答。如果你问他们："这个周末做了些什么？"他们一般会说"没做啥"。这个问题可回答的范围很广，可他们完全不配合，几个字就把你噎回去。摆臭脸的人往往很难相处，只要他们心情不爽，就会撂一句狠话，然后拂袖而去。比如在酒会上，你走近一个人做自我介绍，然后问他："你是做什么工作的?"他不想聊天,于是语带嘲讽地说:"问这个干吗?"

有一种很常见的偷懒的回答是"我也是",比如对方说"我喜欢你",你回答"我也是"。它和写文章时使用的"同上"的作用一样。试想一下:你说"和你在一起我很开心",却只得到毫无感情的"同上"二字,你会是什么感受?这种回答对于首先表达感受的人是一种敷衍。

有些摆臭脸的人并不是故意为之,而是性格比较情绪化,并且没学会好好说话。他们并不知道如何提出开放式问题。你可以把封闭式问题当作开放式问题来回答,帮助他们提升对话能力。比如,如果一个不擅长社交的人问你:"周末过得怎么样?"你不要回答:"还不错,你呢?"你可以分享一些自己的经历,给他做个示范和引导。比如:"这个周末真是有惊无险,我带孩子们去滑雪,他们玩得开心极了。不过出了一点小岔子,迈克不小心摔了一跤,我赶紧带他去医院检查,还好现在没事了。"这样的回答给对方提供了很多素材,他可以根据这些素材再提出相关问题,这样你们的对话就能继续下去。

在工作、聚会或活动中,如何让别人增进对你的了解?如果对方有时间并且有兴趣,可以适当透露一些你的情况,这样就能让对话顺畅进行。尽量避免太简短的回答,除非对方问了一个象

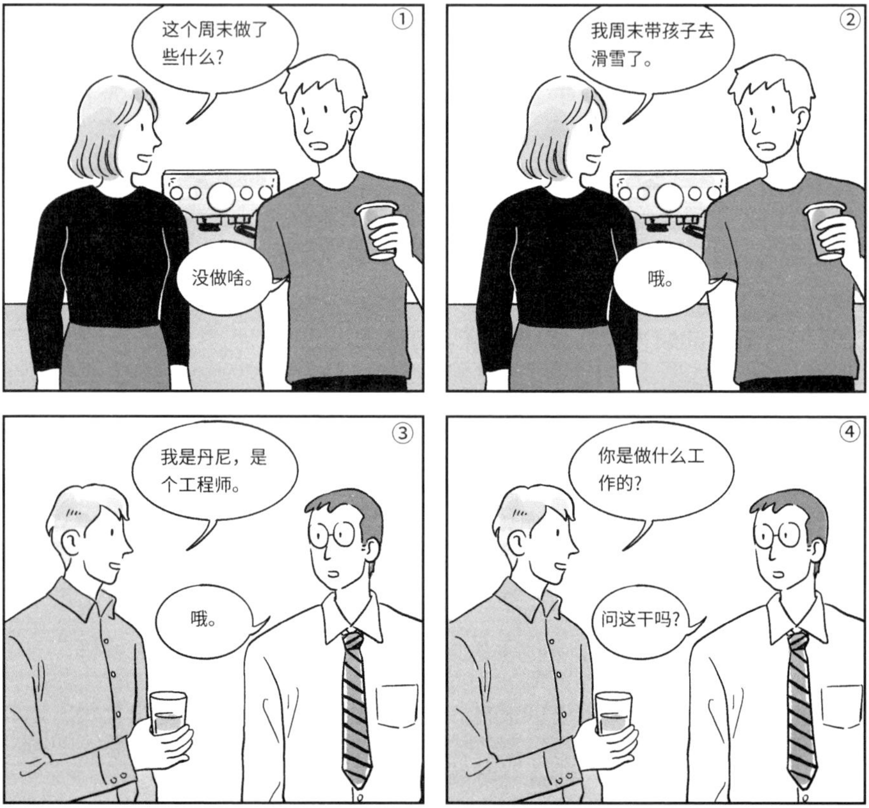
①
这个周末做了些什么？
没做啥。
②
我周末带孩子去滑雪了。
哦。
③
我是丹尼，是个工程师。
哦。
④
你是做什么工作的？
问这干吗？

征性问题（指没有期望得到答案的问题，有时是用来说服别人的反问句，有时是用于文学表达）或者你不想回答的问题。拉里·大卫在情景喜剧《消消气》（*Curb Your Enthusiasm*）中向我们演示了如何避免"停下来聊天"。当你走在街上、在商场购物、在酒店大堂等人、在接孩子的时候恰好碰到一个熟人时，是挥挥手继续往前走还是停下来和他聊一会儿，这是个困难的选择。拉里·大卫认为，只有遇到真正的朋友才值得停下来聊天。我不太认可他的观点。我觉得只要有时间，就可以把每次对话都当成社交的机会。停下来，花五分钟时间和邻居、父母、同事、同行聊聊天，拉近关系，这是非常有价值的投资。那些摆臭脸的人懒得与人搭话，所以他们经常只回答寥寥几个字，诸如"没什么""很忙""还不错"之类。这样的回答很难让对话继续下去。如果此时你们正一起走在去地铁站的路上，那么双方都会倍感痛苦吧。

如何让对话进行下去

"最近好吗?"

"挺好的。"

"你那里有什么新进展吗?"

"还是老样子。"

"项目进行得怎么样啊?"

"正常推进。"

请把以上回答替换成:

"周末过得怎么样?"

"带孩子去游乐园玩了一天,快累死了。"

"最近工作怎么样?"

"太忙了,刚刚参加了一个学术会议,回来还要赶报告。"

"项目进行得怎么样啊?"

"对我来说是一个全新的领域,有很多意想不到的挑战。"

"最近忙什么呢?"

"在努力健身,但总是缺乏毅力,坚持不下去。"

"近来好吗?"

"挺好的,下周有个好朋友要过来看我,好期待。"

"新工作怎么样?"

"越来越上手了,总算松了口气。"

"今天在学校过得怎么样?"

"本来以为这次演讲会紧张,没想到发挥得特别好。"

"工作进展如何?"

"正在做年度总结,整体来说今年业绩不错。"

要提醒大家注意的是，和摆臭脸的人对话，很容易把你自己逼成一个话题垄断者。千万要克制住，要不断地把对话球抛给对方。你只要提供有益于对话往下进行的信息就好，不要一个人说个没完。如果你没有太多时间交流，那就言简意赅地说一句，比如"我喜欢打篮球""我种了很多蔬菜""我正在筹备年会"等等。这样做的好处是，即使对方没兴趣和你说话，至少你给他留下了鲜明的印象。

自以为无所不知的人

自以为无所不知的人总是能用傲慢和居高临下的态度将你击溃。他们大多好为人师，随时都要给你上课。他们知道某只股票将会暴跌还是大涨，也知道某个行业的发展前景，还知道哪个球队会赢、对孩子应该采取什么样的教育方式、新年时下的决心为何总是无效。他们觉得自己的观点永远正确，所以根本不需要询问别人的看法。他们会毫无顾忌地否定别人的观点。几秒钟内，他们就能让其他人集体噤声，因为大家知道无论自己说什么都会被他们嘲笑，谁都不想自取其辱。

要小心那些自以为无所不知的人。他们对别人的观点毫无兴趣。如果你要发表观点，要提前说明这只是你的个人看法。对话应该是为了建立融洽的关系，而不是争谁输谁赢、谁对谁错。在和别人交谈的时候，我们都难免曲解事实、记错了某个新闻事件、暴露个人偏见、说出错误观点或者冒犯别人的话，对方也同样面临着这些风险。沃顿商学院心理学教授亚当·格兰特说过："你有权拥有自己的观点，但如果你选择表达出来，那么你有责任做到——1.以逻辑和事实为基础；2.向别人解释你的推断；3.如果发现更好的论据，能改变想法。"

有个方法可以避免成为自以为无所不知的人，那就是在表达完你的观点之后，问一个简单的问题。提问形式有两种："你觉得呢？"和"你怎么看？"。

比如：

- "房价肯定还会涨，你觉得呢？"
- "孩子年龄太小，不适合送出去留学，你怎么看？"
- "今年这天气热得有点不正常，你感觉呢？"

指手画脚的人

指手画脚的人总是随时随地为别人提供建议——即使别人并不需要他们的建议。他们经常不合时宜地插嘴，对别人的事发表意见，由此毁掉一段对话。大多数人其实并不需要建议，人们需要的是共情、理解和倾听。

指手画脚的人总是把自己当成救世主，骑着白马拯救世界。他们这些不请自来的建议对于"被拯救"的人来说是一种贬低。你刚讲几句自己的烦恼，他们就觉得已经看到问题所在，迫不及待地给出"完美"的解决方案。如果能够更深入地了解问题并提供支持，显然要比指手画脚的效果更好。

指手画脚的人通常表现得自信、乐观、乐于助人，这种表面的假象容易让人产生错觉，以至于我们会在不知不觉中效仿他们，也成为这样的人。我曾经就扮演过这种角色，当我意识到这一点时，我觉得特别尴尬。有一次我和朋友比尔一起吃午饭，他最近刚被提拔为一家医疗用品公司的大区销售经理。他跟我讲，他升职之后在工作上遇到不少困难，团队销售业绩下滑，他感到很气馁。我马上插嘴发表我的观点。我说，我认为成功的关键就是卖、卖、卖，结果就是一切，他应该带领团队坚持联系客户，直到成交。

可是，比尔并不需要我的建议，他只是想谈谈他的困难并分享他的感受，而我却没有表现出共情，反而自以为是地发表观点。比尔需要的是一个倾听者，而不是一个导师。不要犯跟我一样的错误。好好倾听，在别人征求意见时再提供建议，这就足够了。

指手画脚的人无处不在，我在科罗拉多州的滑雪场就遇到过一位。我和来自亚拉巴马州的一家人一起上滑雪课，他们之前从未见过雪。上课的时候，教练注意到我滑雪时特别小心翼翼，甚至比亚拉巴马人还要胆小。教练认为我可能腿部肌肉无力，他告诉我可以做一些强化练习来解决这个问题。教练在没有询问我的情况下就对我做出诊断，他并不知道我是一个跑步爱好者，我的腿部肌肉力量很强，我之所以滑雪时如此小心，是因为我有恐高症，三千米以上的高度会把我吓得浑身瘫软。如果教练发现问题之后能先问我一下，相信他会给我更有效的建议。

有些医生也容易犯这种错误，不等病人讲完病情就打断他们，并立刻做出诊断。通常情况下，直到问诊快结束时病人才会说到核心问题。如果医生在发表意见之前能认真听完病人的叙述，他们的判断会更加准确。要避免出现这种情况，可以问一句："还有什么要告诉我的吗？"无论你是做销售、提供服务、

①

② 我看你刚才滑得特别小心,是不是遇到了什么问题?

哦,其实……

③ 你很有可能是腿部肌肉无力,可以做一些强化练习来解决这个问题……

呃……

④ 其实我有恐高症,三千米以上的高度会把我吓得浑身瘫软。

啊,原来如此。

谈判还是要处理和伴侣的意见分歧、解决孩子的心理问题，这个方法都有助于你了解事情的全貌。

以下对话听起来耳熟吗？

史蒂夫：今天过得怎么样？

黛布拉：这一天都不顺。

史蒂夫：怎么了？

黛布拉：我有一堆文件要处理，明天一早要去西雅图，我的行李还没收拾好，真是焦虑。

史蒂夫：我跟你说过多少次了？工作要用脑子而不是蛮干，你应该让你的助手协助处理文件。为什么你周末不收拾好行李而是非要等到最后一分钟呢？你应该提前做好准备。

黛布拉：首先，我的习惯就是临出发之前再准备。其次，哪天我能告诉你怎么处理人们的牙齿了（我丈夫是牙医），你再来告诉我怎么处理我的工作！

我在对我丈夫提出抗议，但我有时候可能会表现得同样糟糕，甚至更糟。

黛布拉：早啊，史蒂夫，昨晚睡得怎么样？

史蒂夫：我度过了一个难熬的夜晚，翻来覆去怎么都睡不着。

黛布拉：你可以睡前喝杯牛奶，或者看本书。

我在提供不请自来的建议，而我丈夫想要的其实是这样的回答：

"亲爱的，睡不着觉一定很痛苦。"

认可对方的感受非常重要，在任何情况下，不请自来的建议都不会受欢迎。

珍爱生命，远离"杀手"

以上八类对话杀手都有可能杀死一段对话。还有一些人的错误没那么严重，也许会让对话变得不愉快，但还不至于终结对话。你要提高识别能力，遇到这样的人时要格外当心。事实上，每个人都有人性的弱点，都可能会犯某种对话错误，如果你把自己说的话录下来，就能发现问题。就拿我来说，如果我不去有意识地控制自己，我就总是会习惯性地打断别人。

碰到这些对话杀手，只能赶紧逃跑，保护自己免受伤害。关键是你要提前计划好如何逃跑，以便在需要时立刻退出对话。别担心，我不会让你"身处险境"的，请接着往下读，"逃生舱门"正在为你打开。

我们对自己的故事已经了如指掌，对别人的生活、工作和经历却一无所知，所以，对他人保持好奇心，才会拉近彼此的关系。

第十章

恰到好处的安慰

我们的本意是为痛苦的人抚平伤痕,帮助他们走出痛苦。我们总是试图帮他们理性地分析现实,而不是给予共情和理解。我们没有意识到,有些字眼和说法对于正处在悲伤中的人来说极其刺耳,会加剧他们的痛苦。

如果你想知道对一个悲伤的人说什么更合适,我认为是"给我讲讲关于你爱的这个人的一切"……

在处理难以应对的对话时，需要一些灵活的技巧。共情他人的感受，是避免对话失误的关键。

应对高难度对话

如何与刚刚失去亲人的人交谈呢？我们一般都会试图安慰对方，但大多数人不知道该说些什么。如何更好地与正在遭受痛苦或不幸的朋友、同事、家人交流？为什么我们会感到这么难？因为有时候，我们试图去安慰的人还没有准备好接受言语的安慰，因为我们经常会说错话，带来误解，让对方的痛苦雪上加霜，给对方造成伤害。

我们的本意是为痛苦的人抚平伤痕，帮助他们走出痛苦。我们总是试图帮他们理性地分析现实，而不是给予共情和理解。我们没有意识到，有些字眼和说法对于正处在悲伤中的人来说极其刺耳，会加剧他们的痛苦。那些鸡汤式的安慰是如此苍白乏力，比如"时间会治愈一切""你还有很多值得感恩的事""天堂没有病痛，你母亲终于不再受罪了"，这样的话没有任何帮助，甚至会加重别人的创伤。

请不要说

这点小困难他会克服的。(你怎么知道?)

你可以再试一次。

她一定是去了更好的地方。

这也是意料之中的事。

这都是命啊!

有人比你还惨呢,我的一个朋友……

你还年轻,有的是机会遇到更合适的人。

坚持就是胜利!

你可以再养一条狗。

天妒红颜。

他这辈子已经很幸福了,而且也算长寿了。

我知道你的感受。(不,你不知道!)

你现在需要坚强起来。

这一切都会过去的。

人到了谷底一定会反弹的。(你怎么知道的?)

可以说一些表示共情的话

你一定觉得这种痛苦没有尽头。

你很伤心吧，来，拥抱一下！

我想明天来看看你。

这太不公平了！

明天我打电话给你好吗？

如果你需要，我会一直陪着你。

给我讲讲你童年时最难忘的回忆吧。

我还记得你母亲是一个特别温和善良的人，记得有一次……

我知道狗狗对你来说就像家人一样，我能理解你难过的心情。

别怕，你不会孤单的，我会陪着你。

我有个好朋友，在她 30 多岁的时候失去了她的儿子安德鲁。我发现每次聊天时跟她提到安德鲁，让她知道我一直把安德鲁记在心里，对她有很大的安慰作用。

- 给我讲讲安德鲁小时候的事吧。
- 我很惦记你,我知道这又是一个没有安德鲁的感恩节。
- 我很惦记你和你的家人。我知道,没有安德鲁,一切都和以前不一样了。
- 没有安德鲁和你们在一起,假期一定很难过吧。
- 我记得安德鲁以前……

关于如何与悲伤的人交谈,我最喜欢的一条建议来自回忆录《成为戈德布拉特公爵夫人》(*Becoming Duchess Goldblatt*):"如果你想知道对一个悲伤的人说什么更合适,我认为是'给我讲讲关于你爱的这个人的一切'……"

悲伤、痛苦、失落和不幸都是我们无力掌控的,关于这些话题的对话一定会充满陷阱和失误,希望我们都能尽力避免。

| 第十一章 |

不想聊了，如何得体地结束对话

我们结束对话的方式会给别人留下持久而深刻的印象，所以要学会礼貌得体地结束对话。做起来并不难，而且都是基本礼仪，却很少有人能做到，所以要经常练习，直到你可以轻松地结束对话。学会这种技能可以提升你的自信。当你变得更加自信之后，你就会成为更受欢迎、更有吸引力的交谈对象。

重要的是真诚，如实告知你要离开的原因。即使这次对话让你很不舒服，你实在不想聊下去，急于离开，也要表现得体。

无论你是想摆脱一段不愉快的对话还是时间紧张，需要应酬更多的人，你都可以使用一些技巧，礼貌得体地结束当下的对话，同时又不会伤害对方的自尊。我发现有很多人在交谈的时候不知道该怎么结束，有两种情况：他们不好意思说出来；他们聊得太开心了，不想结束。确实，聊得开心会让人忘记时间，但是如果你现在正参加行业会议，你需要结识更多的同行，那你就不能和一个人聊太久。如果处理得当，真诚地提出结束对话实际上会拉近你们之间的关系。

当你准备结束对话时，回想一下你和你的谈话对象聊天的由头，然后把对话带回到最初那个话题，这样做可以让你们的联系更加紧密，之后你就可以轻松地离开了。比如，我参加了一家大公司举办的开放日活动，在准备结束和汤姆的对话之前，我说："汤姆，和你探讨医疗保健行业的变化，给了我很多启发，我收获很大。不过我还得去见另一个客户，她一会儿就要走了，我得抓紧时间过去。谢谢你分享了这么多专业知识。"汤姆也跟我客气了两句，我们握了握手，然后汤姆去忙自己的事，我去见另一个客户。

请注意，我没有为我的离开编造任何虚假的借口。我没有说我要给保姆打个电话问孩子的情况，也没有说我需要回复一些重要消息。我特别认同大家都熟知的那条处世原则——"做人要以诚为本",重要的是真诚,如实告知你要离开的原因。即使这次对话让你很不舒服,你实在不想聊下去,急于离开,也要表现得体。以下是得体地结束对话的一些示例。

离开前可以这样说

- 我想去看看展品。
- 我想去和刚才发言的人聊聊。
- 我再到别处转转。
- 我想看看今天有没有别的同行过来。
- 某某马上要走了,我过去跟他聊几句。
- 我再去见几个客户。
- 我去和其他人打个招呼。

这些结束语都很有效,因为你强调的是你自己,你跟对方明确表示,离开的原因是你有其他公务要处理。你这样强调之后,对方就不会有心理负担，不会误以为你离开是因为和他聊天很无趣。如果真的是要躲开无聊的人，你可以借鉴已故演员乔治·普林普顿（George Plimpton）的策略。普林普顿说，他聚会时总是拿着两杯酒，如果他发现和谈话对象聊得很不愉快，他就会礼貌地说他要去给朋友送一杯酒，以此脱身。

结束对话的基本原则是，你离开后要真的去做你提到的事情。如果你跟约翰告别时表示你要去其他展场看看，那就真的去看。如果你实际上是去做其他事情，就有可能冒犯约翰。比如，如果你中途遇到了文斯，请不要停下来跟他聊天，相反，你要这么说："嗨，文斯，没想到在这里碰上，我正要去其他展场，要不要一起去？"如果你和文斯聊了起来，约翰就会认为你根本没有打算去其他展场，你只是想结束对话，随便找了个借口。这样做很得罪人，后果会很严重。切记不要把事情做绝，一定要给自己留后路。

不打无准备的仗

如果你去参加一场活动，不要随便抓住一个人就开聊。最好提前做好规划，这样在聊天的时候就能更高效。提前准备一些话题，想好这次要和哪些人聊天，随时复盘自己的进展情况，这样你就能游刃有余地结束一场对话并加入到另一场对话中。

有时候，你可以请谈话对象给你推荐合适的人或者介绍你需要的服务，同时借机结束对话。比如，你已经跟雪莉聊了15分钟左右，在酒会结束之前你还需要见其他人，如果你愿意的话，雪莉是可以帮你做到的。你可以这样说："雪莉，我的苹果电脑有个程序出了问题，你有熟悉的程序员推荐吗？"雪莉也许会给你介绍一位专业人士，也许会告诉你她不认识这方面的人，无论怎样，你都成功地结束了这次对话。如果雪莉帮不到你，你就对她说声谢谢，告诉她你现在需要找懂这个技术的人聊聊，然后说下次有时间再跟她聊。就这么简单。记住，不要为了结束对话而刻意制造问题，你可以提前计划好，带着相关问题来，然后请人帮忙推荐介绍。

假如你来参加这次聚会的目的是发展潜在客户或者找一份新工作，你需要在聊天时明确说出来。做到这一点很容易，而且不会让你的谈话对象为难。你可以这样说："帕特里克，你知道谁能给我介绍一些生物制药领域的工作吗？"问这种问题能给你带来很多好处，比如委婉地让对方知道你在找工作、为你打开与他人沟通的渠道等等。也许帕特克会说："不好意思，我不太熟，站在吧台边的吉姆是医药公司的，没准儿他能给你一些建议。"这样你就可以很得体地结束对话，然后走到吉姆那里，向他做自我介绍："我刚刚和帕特里克聊天，他告诉我你在医药公司工作。"看，不用费什么力气，你就有了自我介绍的由头，同时还有了聊天的话题，甚至可能因此得到一份新工作。

参加商务会议的人都有自己的日程，每个人都在寻求推荐、介绍或投资，所以不用担心以这样的话题结束聊天不妥当。以下是一些常用的说法，你可以参考一下，然后根据自己的习惯调整。

在商务场合寻求介绍

- 能帮我推荐一些需要_____的客户吗? 太感谢了。
- 你觉得_____方面的业务我找谁聊聊比较好?
- 你知道谁能帮助我解决_____问题吗?
- 我一直在找对_____感兴趣的人，你认识这样的人吗?
- 关于加入_____委员会的事，你觉得我和谁谈比较合适?

这些句式不仅仅适用于商务场合，你也可以在社交场合中灵活运用它们。比如：

在社交场合寻求介绍

- 我想认识一些对徒步感兴趣的人或者徒步小组的人，你知道这里谁能帮忙介绍吗？
- 你知道这里还有谁也是新来的吗？
- 我想找对志愿者活动感兴趣的人，你能帮忙推荐吗？
- 你知道谁想看周末的演唱会吗？
- 你认识二年级孩子的家长吗？
- 你能给我介绍一下咱们小区新搬来的邻居吗？
- 你知道谁能给推荐合适的保姆吗？
- 你能帮我介绍一些单身的朋友吗？

退出小组对话

如果现在是几个人一起交谈,有新人加入进来,并且开始和你们中的一两个人交谈,那么其他人就会自然而然地退出对话。如果你正好想结束对话,这是个快速而简单的办法,不过缺点就是它只能帮你离开现在的对话,起不到其他作用。

你离开的时候可以拉上一个同伴,或者即使只有你们两个在交谈,你也可以把你的谈话对象介绍给一个可以帮助他的人。以下这些句子都能帮你轻松实现过渡。

- 我想把你介绍给我的一位同事,你们的业务领域一样,我去看看她今天来没来。
- 马特这个人很有趣,他有好多奇特的经历,我想介绍你们两个认识一下。
- 我们一起去见见刚才演讲的人吧。
- 我看到我的朋友詹妮弗来了,我们过去打个招呼吧。
- 我们一起去吃点东西吧。

邀请谈话对象和你一起去另一个地方，这是一种非常温暖亲切的结束对话的方式。你在按自己的计划行事，但同时又没有让谈话对象感到被冷落。反过来想想，如果对方这样邀请你，你一定很高兴能够有认识新人的机会，即使你不想去，对方的热情也会给你留下好印象。

如果你在和人通电话或者开电话会，开头几分钟你便能感觉到对方是个话痨，没有时间观念，那么你要提前让他知道你的"截止时间"。比如你可以这样说："我只能说到 1 点 55 分，因为 2 点我还有另外一个会。"如果你没有提前说，而是直接打断别人说"我得马上离开"，这是非常不礼貌的。

关于结束对话的最后一个建议就是做好提示，就像我们前面讲到的对话题垄断者使用"白旗"一样，提醒谈话对象剩余的谈话时间，让他有心理准备。比如：

- ✓ 我还有两分钟时间，还有什么我需要了解的吗？
- ✓ 再过五分钟我得去接孩子了，你还有什么要告诉我的吗？
- ✓ 我答应了客户最晚今天下午回复，在我出发之前，你能给我报价单吗?
- 我看到客户刚到,在我去见他之前,你能告诉我这个项目还有什么困难吗?

真诚致谢

在结束对话之前,要对你们刚才的交流表示感谢,比如感谢对方抽出时间和你聊天,感谢他分享的专业知识,这次聊天让你很有收获,等等。这些话都能给对方带来很美好的感觉,也能让你显得有礼貌、有修养。赞美对方可以推进对话,真诚的致谢同样能推进对话,给别人留下深刻印象。以表示感谢来结束对话,会让你们双方都很愉快,彼此也会更加亲近。可以参考如下示例。

表示感谢(欣赏)的话

- 这次能碰到你,听你分享这么多行业信息,真是太有收获了。
- ✓ 真开心和你讨论新业务。
- ✓ 谢谢你分享了这么多专业知识，给我很多启发。
- ✓ 跟你聊天我很开心。
- ✓ 谢谢你给我介绍了_____项目，非常有价值。
- ✓ 谢谢你把我推荐给_____，真是帮了我大忙。太感谢了。
- ✓ 谢谢你带我参加这个活动。我刚来咱们公司，对一切都不熟悉，特别紧张，你让我觉得心里踏实了很多。
- ✓ 你在这个项目里起了很大作用，有你真是太幸运了。
- ✓ 你既要管理一百多人的团队，又要照顾三个孩子，事业和家庭平衡得这么好，我太佩服你了。

记住，你开始对话之前是怎么做的，结束对话时要再做一遍，比如微笑和握手。即使你需要站起来绕着桌子走过去，也必须这样做。当你以握手来结束对话时，会给对方留下深刻的印象。握手的时间虽然短暂，但会深化你们之间的关系。对话结束的时刻也是你与某人建立联系的最后机会，要充分利用这个机会。如果你是领导，最好提一下在场每个人的名字，比如："谢谢大家的参与，谢谢迈克、乔治、约翰。"

BALABALABALA
BALABALA
我要迟到了。
BALABALA
汤姆，和你探讨医疗保健行业的变化，给了我很多启发。
不过我还得去见另一个客户。
很高兴跟你聊天。
谢谢你分享了这么多专业知识。

主动走出舒适区

如果你遇到一个想进一步了解的人,最好的方法是在结束对话时询问对方能否约下一次见面。无论是商务活动还是社交活动,你都要主动发出邀请,不要因为你是女性,就认为必须等着男性先来邀请。如果你是单身,想知道该如何发出邀请,请参阅第十四章《会聊天,让单身生活更精彩》。如果你的目标是认识一个新朋友,发展一段亲密关系,你可以利用说话技巧来实现。先把性别抛在一边,照我说的做吧。

鼓起勇气,大胆开口,对你来说是走出舒适区,是很大的挑战,但摘下果实的唯一方法就是爬到树上去。要知道,即使你被拒绝,也并不意味着对方对你这个人的否定,那只能说明对方还不了解你,无法对你做出判断。还记得我的朋友雷克斯吗?当初是他的害羞导致他没有主动开口。如果有人拒绝你,除非他向你说明理由,否则你不可能知道原因。以下是与另一个人继续保持联系的一些方法。

发出邀请

- 今晚不能占用你太长时间,我们可以约之后几天再见一面吗?
- 下次会议时还会见到你吗?
- 你出差回来后我可以给你打电话吗?
- 今晚和你聊得很开心。我可以打电话给你再约其他方便见面的时间吗?
- 下周我会把我们讨论的材料发到你的工作邮箱。到时我会给你打电话并约一个时间,聊聊你是否有兴趣合作,可以吗?
- 我想再多聊聊这个话题,你有时间一起去喝杯咖啡吗?
- 和你一起健身很开心,下周要不要还一起来?
- 希望这次我们能有合作的机会。我过几天给你发个电子邮件行吗?到时看看你的合作意向如何。
- 很高兴认识你,我想再多了解一些你们公司的情况,之后能电话沟通一下吗?

在结束对话之前，心里要想好下一步准备做什么。也许是去找另一个人说话，也许是去吃点东西、拿杯饮料、回复消息、去洗手间或者四处走走。你的行动会被人注意到，因此不要显得漫无目的，这会让之前和你对话的人认为你不想跟他聊天，更愿意自己一个人待着，会伤害他的自尊。

我们结束对话的方式会给别人留下持久而深刻的印象，所以要学会礼貌得体地结束对话。做起来并不难，而且都是基本礼仪，却很少有人能做到，所以要经常练习，直到你可以轻松地结束对话。学会这种技能可以提升你的自信。当你变得更加自信之后，你就会成为更受欢迎、更有吸引力的交谈对象。

| 第十二章 |

成功对话的 45 条准则

在参加活动、会议,去面试或约会之前,可以在脑子里过一遍下面的提醒清单(提前记在手机备忘录里)。要利用好每一次会议、午餐或聚会时的社交机会。

只要你愿意承担起对话的责任,每次对话都可能是难得的社交机会。

在参加活动、会议，去面试或约会之前，可以在脑子里过一遍下面的提醒清单（提前记在手机备忘录里）。要利用好每一次会议、午餐或聚会时的社交机会。

备忘清单

1. 记得要先跟人打招呼。

2. 记得要微笑，要表现得有亲和力。

3. 要有勇气，敢于冒险，要主动向陌生人做自我介绍。

4. 不要等着别人把你介绍给在座的人。

5. 不要显得紧张、不自在。哪怕是装，也要装得从容自若，直到你真的从容自若。

6. 记得要主动伸出手和你遇到的每个人握手。

7. 记得要和人有眼神交流。

8. 在没有得到别人允许的情况下，不要称呼别人的昵称。

9. 如果对方的名字里有生僻字，提前查好读音并记住，要准确地说出来。

10. 要在对话中提到对方的名字，因为这样会让对方觉得自己很特别。

11. 如果你忘了别人的名字，就直接问他。

12. 不要因为忘了别人的名字就躲着他。

13. 不要忽视坐在角落里的人，介绍的时候也带上他们。

14. 记得要根据场合或情景提前准备好开场白，向对方真诚表达你对他的兴趣。

15. 为了让对话持续下去，记得要多提供一些你的信息，这样别人就能更了解你。

16. 不要做话题垄断者，一直滔滔不绝地说话。把你每次讲话的时间控制在五分钟之内，让大家轮流说话。

17. 记得要练习"电梯对话"技巧，也就是在电梯里遇到熟人时该如何聊天。可以就工作讨论几句，或者说一些有意思的事。

18. 不要在对话中吹嘘你的成就或你的收入。

19. 不要等到冷场的时候再去想话题。

20. 在谈话对象讲完后，可以复述一下他说的要点，表明你刚才在认真倾听。

21. 不要以为沉默不语就能表明你在倾听，要给出语言反馈，让对方知道你在听，并随时参与对话。

22. 如果你发现别人有可能忘了你的名字，你可以主动说一下，这绝对是送给对方的好礼。

23. 要随时注意你的（积极的和消极的）身体语言。

24. 记得要尽己所能给别人提供一些帮助，这样能加强你们之间的联系。

25. 不要自以为无所不知。

26. 在对话中感到不舒服的时候，可以用幽默来化解。

27. 不要随意开别人的玩笑。

28. 不要把对话当成打棒球，抛出一个接一个的问题。

29. 记得要关注时事，包括那些你可能不感兴趣但会引起别人的兴趣的话题。

30. 不要以为每个人都像你一样了解体育、时尚或政治。

31. 记得要多关注别人的活动和兴趣。

32. 不要在对话中隐身，只听不说。

33. 如果这次聊天后你有意加强联系，要主动约对方下次见面。

34. 要和见过面的人保持联系。

35. 不要只在你需要帮忙的时候才想起来找别人。

36. 每个人都有自己的观点、态度和信仰，不要对人妄加评判。

37. 记得努力和朋友、同事多交流。

38. 记住你了解到的别人的信息，在下次交流中可以提及这些信息。

39. 记得要使用开放式问题，比如用"能否讲讲关于……"和"你是怎么想到这个创意的"来开启一段对话。

40. 不要问封闭式的例行公事式问题，比如"最近还好吗"或者"最近忙吗"，这些问题是不会得到积极回应的。

41. 如果在聊天过程中觉得没意思了或是遇到一些阻碍，记得要改变话题。

42. 多赞美别人的行为、外表或成就。

43. 不要长篇大论地讲自己的故事，这是对别人的"绑架"。

44. 在对话中要有主持人意识，让每个人都参与进来。

45. 尽可能鼓励沉默、内向的人也加入对话。

记住，只要你愿意承担起对话的责任，每次对话都可能是难得的社交机会。

① ・记得握手

你好。
你好。

② 不好意思，我们在上次会议中见过。能再告诉我一遍你的名字吗？

我是苏珊。

・如果你忘了别人的名字，就直接问他。

③ ・给出语言反馈，让对方知道你在听

那个项目……

听起来很难！那你后来拿下那个项目了吗？

④ 你是怎么想到这个创意的？

其实……

・记得要使用开放式问题

不要显得紧张、不自在。哪怕是装，也要装得从容自若，直到你真的从容自若。

| 第十三章 |

充分利用每一次社交机会

在尴尬的社交聚会、无聊的商业活动或严肃的面试中，一次愉快的聊天能够将这些具有挑战性的场景转化为获得成功的机会。无论是在商务场合还是在其他社交场合，聊天都能使我们更紧密地联系在一起。

人人都知道要学习工作所需的技能，但并不是所有人都重视说话技能。与任何人都能轻松交谈，这不是一种天生的性格，而是需要学习的技能。

我们可以充分利用每一次会议、面试和聚会，把它们当成社交机会，不断地锻炼自己，变得更加沉着自信。

你是否害怕招待会、宴会或者其他需要应酬的社交活动？走进这种地方，你是不是很想逃回家，躲进自己的房间并锁上门？放心吧，你并不孤单，很多人都有这样的心理，因为大多数人不愿意和不认识的人待在一起，在这种情况下还要强迫自己去和别人聊天，简直是一种折磨。但对于商务人士来说，参加这样的活动是为了获得合作机会，拓展人脉。人际关系是重要的一环，根本无从逃避。

在尴尬的社交聚会、无聊的商业活动或严肃的面试中，一次愉快的聊天能够将这些具有挑战性的场景转化为获得成功的机会。无论是在商务场合还是在其他社交场合，聊天都能使我们更紧密地联系在一起。

人人都知道要学习工作所需的技能，但并不是所有人都重视说话技能。与任何人都能轻松交谈，这不是一种天生的性格，而是需要学习的技能。掌握这种技能可以帮助你和他人建立融洽的关系，给人留下积极的印象，这可比通过交换名片给人留下的印象更持久。

下面我会讲讲商务人士提高说话能力的技巧，通过练习和使

①
好啊！
一定一定！
法恩女士，能耽误您几分钟时间吗？
希望有机会再和你讨论这个项目，这是我的名片。
希望以后能继续讨论，我找下我的名片，有时间一起吃个饭吧。
②
当然！
好的，一定！
好的，我会给你打电话。
保持联系！有时间通个电话！
你一定会对我们的方案感兴趣的，这是我的名片。
哪天方便我们通个电话，约下次见面的时间。
哦，天哪，我明明记得包里有一张名片的。
有机会我们再聊一下吧。
③
保持联系！
谢谢！见到你们很开心！
再见！
SMLTLK
啊，我终于找到我的名片了。别忘了给我打电话啊！手册上面有我的联系方式。
我到办公室就马上给你发资料。
期待再见面。
记得打电话！
我们下周继续讨论。
再见！
④
这些人都是谁呀？

用这些技巧，你就能在饮水机旁、会议室内以及写字楼大堂中轻松自如地与人交谈。

把每一次对话都变为成功的商机

步骤如下：

1. **自我介绍，开启对话。**先走过去打个招呼吧！即使你们之前见过，并不算陌生，你也要重新介绍自己。如果是几个人在一起，你可以像主持人一样，介绍大家互相认识一下。

在别人做自我介绍的时候要注意听，比如他怎么称呼自己（你可能以为他叫查尔斯，但他更喜欢别人叫他查克）。在互动的时候要使用他喜欢的称呼，这样也能帮助你牢牢记住他的名字，和他建立私人关系。通过掌握对话主动权，发起对话，你能更好地把握对话的方向。

2. **正确破冰。**别像FBI探员一样，问一些诸如"你是做什么的""你结婚了吗""你有孩子吗""你家住哪"之类的问题，这些问题很容易终结对话。好的开场白不仅有助于对话继续下去，而且还能为你提供认识朋友的机会。比如"能介绍一下你们公司的情况吗？"这句开场白就很独特，同时又不会限制别人。还有一些不错的开场白，例如：

- "你最近的那个项目进展得怎么样了？"
- "你觉得工作中最让你有成就感的是什么？"
- "能讲讲你过去在_____的经历吗？"
- "你为什么想转到医疗健康行业？"

3. 对他人表现出兴趣。 如果你想变得有魅力，你就必须对别人表现出兴趣。记住，你是否特别并不重要，重要的是，你是否能让别人感到自己很特别。人们都愿意和能给自己带来这种感觉的人在一起。如果现在房间里有很多人，你要尽力让和你交谈的人感觉自己正站在舞台的中央，你关注的焦点只有他。你的任务就是引导他开口说话。先听听他说什么，然后根据他说的内容提出相关的问题，再从他的回答中获得新的提示。你可以提前准备几个问题，比如，如果你正在与市场部的马尔科姆交谈，可以请他讲讲他正在开发的项目。这是一种很好的方法，大家可以针对这个项目集思广益，头脑风暴，还能借机找到潜在的客户，建立长久的商业合作关系。不过，有一点要注意：不要像个审讯者一样抛出一连串的问题，要保持对话的平衡，让大家轮流说话。

4. 找到共同点。无论你是与同事还是同行聊天，重要的是找到一个和大家都相关的话题。只要选择你们都熟悉的话题——比如某个特定领域的发展现状或者当天的行业会议——就很容易聊到一起。

- 你为什么会选择加入这个行业？
- 你觉得今天的研讨会有帮助吗？

要注意避免聊那些有争议的话题，如政治、宗教、人际关系和家庭问题。此外，还要对对方的观点表现出兴趣。

5. 应对尴尬的冷场。如果对话中间出现让人不舒服的冷场，你要想办法让对话继续下去。提前花几分钟时间做些准备，至少想好两个可以随时拿出来聊的话题，这样当你发现对话冷场时，它们就能派上用场了。

比如现在是八个人坐在一桌吃饭，聊着聊着大家都没什么话说了，只好沉默地盯着眼前的盘子。这时候你可以说："我们的销售会议安排在这样一个阳光明媚的热带地区真是太好了。你们之前来过马可岛吗？"或者利用对话暂停的时间夸赞你的搭档："多亏了你那个好创意啊，给我们这个项目大大加分了。"如果你提前做了准备，可以和大家聊你想好的几个话题，同时注意在对话中提取信息，让对话持续下去。

6. 如果有人滔滔不绝地说个没完，要注意阻止他。 在他喘口气或者稍做停顿的时候，对他刚才说的话给出一个反馈，然后把对话引到你想要的方向上。

7. 加入对话时要做好充分准备。 如果有人问你"最近工作怎么样"，不能只是回答"还行"，要多介绍自己的情况，让别人对你有更多的了解。比如在等待会议开始的时候，客户问你假期过得如何，如果只是回答"还不错"，会显得很敷衍。你应该给出具体的回答："和家人一起去河边露营了，天气真不错，很舒服，很放松。"或者说："这个假期比平常更忙，因为明天我们有一个培训会，要准备很多材料。"如果对方有兴趣，并且时间充裕，可以再延伸到更多话题。

与业务合作伙伴聊天时，要注意避免敏感话题，不要问"你在某某公司的工作怎么样"，万一他刚刚被辞退了呢？询问别人的家庭情况时也要格外当心，没准儿你问完之后会后悔。

8. 设立界限。告诉别人你是哪个大学毕业的或者你有几个孩子，这都没有问题，但要把握分享的尺度。

当然，如果你发现你们的孩子同龄，聊聊孩子的话题可能会让你们感觉更亲近，但还是要评估这个话题的价值和它对合作关系的影响。如果你们的交流中涉及太多私人话题，就会失去商业价值。在工作场合透露过多私人生活方面的信息也不是很合适。总之，要把握好度，明确哪些可以多说，哪些不适合说。

9. 注意身体语言。如果你表现得很紧张或者不自在，也会让别人感到不舒服。即使你有点怯场，也要尽力表现出自信、放松。

10. 在合适的时机结束对话。在商务场合，你需要四处转转，多和人打招呼、寒暄、交流、建立联系，所以，不能和一个人聊得太久，要选择合适的时机结束对话，然后找其他人聊天。你可以这样说："今天谈的这个项目我很有兴趣，和你聊得也很开心，我记了你的电话，这周我会再和你联系，我们再进一步讨论。"

每次相遇都是机会，你可以充分利用好每一次机会，带着好奇心去认识新朋友，发现新的合作伙伴，拓展人脉，建立属于你的关系网，享受每一次愉快的交谈。

如果你想变得有魅力,你就必须对别人表现出兴趣。记住,你是否特别并不重要,重要的是,你是否能让别人感到自己很特别。

| 第十四章 |

会聊天，让单身生活更精彩

如果你有交友需求，别犹豫，告诉你的朋友，请朋友帮忙牵线搭桥。我们要把每一次对话都当成与人产生连接的机会，不要因为对方不是你喜欢的类型或者和你爱好不同就拒绝和他/她交流。这个人可能会成为你的朋友，并介绍你认识你未来的伴侣。

最开始聊天可以选择一个并不是那么让你心动的人,因为这样你就会很放松,不会紧张,更容易克服怯场。

你走进一个房间，看到很多人在愉快地交谈。你有点怯场，担心别人会对你评头论足，发现你的缺点。你做好了被拒绝的准备。在那一刻，你几乎想转身出门，赶快离开这里，你实在后悔来参加这个活动。

这种心理可能是"社交焦虑症"的表现。如果你参加的是一个单身派对，大家来这里的目的是结识新朋友、拓展社交圈和展示自我，这一定会让你感到更加焦虑。

也许世上最可怕的社交场合就是刻意为了认识某人而参加的活动。你并不是为了积累人脉，而只是想寻找适合自己的人。这个目的听起来有点别扭，在我们的社会文化中，承认这一点需要勇气。

我周围很多单身朋友跟我说，他们讨厌相亲。我姐姐伊丽莎白是一位生物学教授，她说："为什么要相亲？像我这样的四十多岁的单身人士一般都很忙，哪有时间相亲！"

我的朋友苏珊娜倒是很热衷于相亲。她已经离婚八年了，她说如果能通过相亲认识不错的男人，那真是再好不过了，但如果没遇到合适的，她也绝不会将就，会接着再找。对她来说，相亲很有意思。

如果单身人士想结交朋友，在很多场合中都需要用到说话技巧。不过大家的情况不一样，我很难给出适用于所有情况的建议。你是男性还是女性？你是二十多岁还是五十多岁？你喜欢去酒吧、浏览相亲网站还是参加单身派对？你喜欢宅在家里还是喜欢外出？不过有一个建议适用于所有情况：不要认为你参加的是"单身人士交友"的活动，你可以把它当作拓展人脉的机会，能认识更多志同道合的朋友。在这里你可以为别人提供帮助，别人也能有机会帮到你，所有的活动都是为了与人建立联系。别忘了，你新认识的每一个人都有可能把你介绍给你的那个"他"。

提起精神

对于单身人士来说，参加单身派对，或者和网友聊了二十多天之后准备线下见面，都需要鼓足勇气。你要做的就是振作起来，勇敢迈出这一步。哪怕你们之前有过视频聊天，真正面对面的时候可能还是会让你感到手足无措。把握一个原则：到达约会场所后，不要急着进去。苏珊娜说，她总是在进门之前做几次深呼吸，想象着所有的能量都集中到她的核心，这样她在走进去的时候就不会缩手缩脚，显得毫无自信。

试过几次之后，她真的提起精神了！

如果你要参加一个活动，可以先站在门口观察一下。这样做有两个好处：你能有一定的时间稳定情绪，理清思路；可以调整一下状态，展现出最好的自己。当你走进去的时候，大家会看到一个自信的你，会很想和你交流。自信是最吸引人的品质，仅次于外表。但要记住，当你走进房间后，请把自己当成隐形人，不要觉得所有人都在注意你。实际上，根本没有人在看你，你不需要感到不自在或忐忑不安。别人要么忙着找人聊天，要么在忙自己的事，要么正在来回踱步缓解紧张情绪。你可以四处走走，找些食物或饮料，适应一下环境。现在正是你观察的好时机：今天来参加活动的都是什么人？大家聊天的氛围怎么样？他们都很开心还是觉得无趣？环顾四周，看看谁看起来最容易接近。当你注意观察时，你发现的这些细节可以形成一个个话题，当你走近别人或者别人走近你时，就可以和他们分享这些话题。通常情况下，用你观察到的细节作为破冰话题，要比询问别人的个人信息效果更好。你讲讲你观察到的细节，对方再讲讲他的观点，对话就这么进行下去了。

最开始聊天可以选择一个并不是那么让你心动的人，因为这样你就会很放松，不会紧张，更容易克服怯场。另外，每个人都有可能介绍你认识某个非常有魅力的人,所以,不要错过和任何人聊天的机会。

参加单身派对时的破冰话题

- 我以前来过这,但从来没见过今天这么多人。
- 你知道去哪拿吃的吗?
- 今天来的人我一个都不认识,你呢?
- 这里的自助餐味道不错啊。
- 今天来的这些人说话都很风趣,这里有你认识的人吗?
- 能递给我一张餐巾纸吗?谢谢!
- 周五晚上参加这个活动真是太合适了,一周的工作结束了,现在是最放松的时候。

如果在约会的时候问"你是做什么工作的"和"你家是哪里的"这种问题,估计不会让你们之间擦出火花,也不会让你从约会对象那里得到有价值的信息。如果你真的想知道你们在一起是否合适，对方是否值得交往，你需要问一些更深入的问题，而有关基础信息的问题应该在见面前网上聊天的时候问。

那么，究竟该问些什么问题呢？其实问题没有对错之分，只要能够帮助你判断对方是否和你价值观一致，是否适合继续交往下去，或者还要不要再见面，就是好的问题。如果对方的回答听起来不靠谱，和你的三观完全不合，你觉得无法和他继续交往，别说是今后的 50 年，哪怕是再跟他待 50 分钟你都觉得难熬，那也不必沮丧，至少，你度过了一段有意思的闲聊时光。

以下是一些适合单身人士在网上聊天、见面约会时问的有趣问题。

问题 1："如果公司给你一年的带薪假期，你会做些什么？"

也许他会去太平洋的一个小岛上过隐居生活，也许创业做点小生意，或者做些其他有意义的事，比如当志愿者。无论他的答案是什么，这都是一个很有启示性的问题，也是适合在第一次约会时问的好问题。这个问题能让你看到约会对象的兴趣所在、哪些是他生活中的优先选项，你能了解到他是满足于当下还是对未来充满野心，还能了解他最渴望但现在没有时间去做的事。

问完这个问题可以紧跟着问一句:"那你现在在做类似的事吗?"显然,他不可能每天都做志愿者工作,但也许周末或节假日会去做义工。也许你们会因为都喜欢做义工、旅行或者创业开公司而产生共鸣。一切皆有可能。

问题 2:"你觉得别人对你最大的误解是什么?"

也许对方会说大家都认为他目中无人,而实际上他只是内向,不爱多说话。了解这些信息是很有意义的,尤其是当你也觉得他"目中无人"时。通过这个问题,你可以了解他如何看待自己,这也为你提供了一个反思的机会,重新思考对他的看法。这是初次约会时的好问题,为了达到更好的效果,你可以先从自己说起。例如,你可以说,"有时别人觉得我说话啰唆,其实我只是在紧张的时候容易反复唠叨同一个事。你有没有做过什么事给别人留下错误的第一印象?"通过讨论这个话题,可以澄清你的约会对象可能对你产生的任何误解。只问这一个问题,就能了解你的约会对象最真实的一面。

问题3:"人生中你最想重来一次的经历是什么?"

通过这个问题,你可以了解你的约会对象过去生活中的一些细节:她是否更想学文学而不是金融?他是否后悔当初因为工作太忙把自己的宠物狗送给了别人?每个人都有一些遗憾,从中可以看出一个人的价值观。如果你不知道该如何切入这个重要的问题,可以先聊聊自己。比如你希望大学毕业后先间隔年旅行,或者你希望自己有勇气辞掉这份让你感觉很糟糕的工作。你可以这样说:"我觉得自己的大多数选择是对的,只是有一件事我很后悔,当初如果……你呢?"

问题4:"你有过特别尴尬的时候吗?"

她是否愿意告诉你,她有一次出门前忘了换鞋,只好穿着拖鞋上台演讲?他是否能和你分享,第一次滑雪时摔得四脚朝天?具体是什么事并不重要,重要的是,你的约会对象是否能在你们还不熟悉的时候就向你敞开心扉。如果对方愿意分享他的糗事,那么你也要准备好分享你最尴尬的时刻,而且最好是你先说出来。有一个简单的方法,比如你可以这样说:"第一次约会让我有点紧张，不过我一直记得我第一次请客户吃饭，衬衫上沾了好多番茄酱，而我完全没意识到，和那次经历比，现在这些紧张尴尬都算不了什么！"

问题5："如果你的房子失火了，有什么东西是你必须抢救出来的？"

想知道你的约会对象是感性的还是现实的，那就看他是抢救有偶像签名的足球还是他的电脑。这个问题可以帮助你了解对某个人来说什么是最有价值的以及你们的价值观是否相符。他回答以后，你要追问一下，为什么他会选择抢救这个东西。你可能会发现，他要抢救出大学时写的日记，因为他在大学时期度过了一段艰难的日子，他想保留那些回忆。或者他要抢救出几张黑胶唱片，因为那是他父亲生前最珍爱的。要引出这个话题，你可以用这样的开场白："我有很多兴趣爱好，最喜欢的是钓鱼。如果有一天我的房子失火了，第一时间要救出来的就是我的钓鱼工具，当然还有我的猫。你呢？"

找到连接

大多数人都希望找到可以真正和自己产生连接的人。连接意味着与另一个人产生共鸣。当你和陌生人聊天时，你可以通过介绍自己以及向对方提问来获取这些连接。从别人的回答中，你还能找到更多的话题。

有助于找到连接的话题

- 你看起来一点都不紧张，希望我能像你一样放松。
- 你的（鞋/手链/领带）真好看，我喜欢这个搭配，很有品位。
- 我平时喜欢待在家里看书，这次差点就不想出来了。
- 我喜欢看篮球比赛，不过看演唱会感觉也很不错。
- 我以前没参加过类似的活动，你有什么好的经验吗？
- 你是怎么知道这个活动的？
- 这个俱乐部组织的活动都很有意思，你参加过周末的徒步旅行吗？
- 终于和你见面了，真是太好了。你和别人也经常在网上聊天吗，就像我们这样？

不要害怕自己表现得很蠢或者说错话，自嘲是培养幽默感的最佳途径（如果你不太幽默的话），同时会让你显得很有亲和力，不给人压迫感。

话题跟进

当你问对方问题或者对方问你问题时，可以好好思考一下要如何做出反馈。

举个例子：

你：你经常加班吗？
她：几乎天天加班。

在她回答的时候，你要想想如何给她反馈，而不是只想着下一个问题要问什么。这个练习可以帮助你认真倾听。

你：看来你们工作很忙啊！

对她的回答做出反馈，而不是紧跟着问下一个问题，比如"你周末喜欢去哪里"。给出恰当的反馈需要有很强的倾听能力，这比再提出新的问题要难得多。不过，你还是要准备好一个新的问题。通常情况下，即使你用不到，也要至少准备一个问题，以备不时之需。

除了给出反馈，你也可以就着这个话题说说自己的情况。比如：

你：你经常加班吗？
她：几乎天天加班。
你：这么辛苦。我以前那份工作也是这样。

透露自己的信息可以帮助你们找到共同点，同时还能起到"提示器"的作用，对方可以顺着你的话继续聊下去，或者问你问题。我们再回到这个例子：

你：你经常加班吗？
她：几乎天天加班。
你：看来你们工作很忙啊！
（后续的反馈都可以作为"提示器"。）
她（苦笑着）：可不是嘛，回家也是换个地方工作，根本没有休息时间！

别人回答后你给出反馈，会激励对方继续深入聊下去，聊着聊着你们就能产生连接了。如果你给出反馈或者透露自己的信息以后对方没有再回应，那该怎么办？这时候就可以使用你提前准备好的问题了。我们再回到之前的例子：

你：你经常加班吗？
她：几乎天天加班。
你：看来你们工作很忙啊！
她：（苦笑一下，但没有回应）
你：那你周末能休息吗？

这个问题和你最初问的问题（你经常加班吗）以及她的回答（几乎天天加班）都有相关性，类似的问题还有：哪个时间段相对不那么忙？

及时给出反馈、透露个人信息，在对话中保持这样的习惯，后续再注意跟进问题，聊天就会非常顺畅。运用好这三要素，就能创造更多的可能性。

提出约会的请求

见面聊天只是第一步，下一步就是正式提出约会的请求，这需要一些勇气，因为你要冒着遭到拒绝的风险。我的朋友苏珊娜从来不会给男人打电话约见面，而琳达就很主动："我为什么不能选择和谁约会呢？作为女人并不意味着要被动地等待别人来选择。"每当她准备打电话时，她都会提前想好要怎么说："首先我会跟他一起回忆一下我们是怎么认识的，讲讲那次见面时发生的一些事。我会告诉他那次和他聊得很开心，然后说希望能一起喝咖啡或者吃午饭，继续聊天。我虽然很自信，但也绝对不会在第一次约会时就邀请男人共进晚餐。因为白天见面能穿得更随意一些，这对我和他来说都更放松。"

我的朋友鲍勃给了这样一个建议：在打电话之前一定要有明确的想法。比如他会给一位女士打电话说："周四晚上在哈得孙有个品酒会，我们可以傍晚的时候过去，然后一起到河边散散步，或者在附近找个餐厅吃晚饭。"注意，一定不要对你心仪的人这样说："你周六晚上打算做什么？"这就给了对方机会回答"在家追剧"。也不要说："你有时间出来聚一聚吗？"这种问题都太容易遭到拒绝了。一定要说出具体的想法，这样才能得到你想要的回答。

鲍勃觉得在最开始的几次约会时，应该多根据对方的兴趣来安排活动，而不是只想着自己喜欢做什么。不要认为你喜欢逛街，对方也一定会喜欢。我听过的最好的约会建议来自一个男人，他从不在第一次打电话、发短信或邮件时就发出约会邀请，而是会耐心等到第二次或第三次联系的时候再提。即使那时他们已经熟悉了，他也会提议一些适合普通朋友相聚的活动，比如自行车骑行、散步或去博物馆看展览。这样做的好处是在正式确立关系之前，两个人可以有充足的时间建立信任，培养感情。我儿子也提了一个建议，他说不要在前几次约会时去看电影或者话剧，那不利于互动交流，而交流才是了解彼此的关键。

主动打电话的人一定是鼓足了勇气，所以我们在回答对方的邀约时要尽量考虑他/她的感受。如果对方问："我们是周五还是周六晚上见？你是想看电影还是逛街？"请不要回答"都可以"。说"都可以"会传达出两个消极的信息：你不在意这个人或这次约会；你没有主见，不知道自己想要什么。传达积极信息的回答是"周六晚上很好啊！"或者"我很想和你一起去看电影，哪天都可以"。

约会进行中

每个人都喜欢让自己感觉良好的人，约会就是为别人提供这种感受的绝佳机会，你可以让对方觉得自己很有魅力，有吸引力。要把注意力放在约会对象身上，而不是一直担心他/她会对你有什么看法。我的朋友珍妮给我讲了她的经历：

> 约会的时候，我连续问了对方两个小时的问题（他是一个特别以自我为中心的人，根本不关注我，没问我任何问题），后来我实在找不出话题了，我们沉默了一阵。我对他说："你有什么问题想问我吗？"他想了足有一分钟，终于问了一个问题："你觉得我怎么样？"我心想：我们绝对不会有下次见面的机会了。

还有一个朋友讲了她和一位男士约会的故事。那位男士说话的时候神情很专注，但是轮到我朋友说话时，他的目光就开始四处游移。他的心不在焉传达出一个信息，那就是她让他感到无聊、无趣。有一次他们在露天咖啡馆吃晚餐，我朋友发现，他说话时不会东张西望，而只要她开始说话，他就马上转头去看美

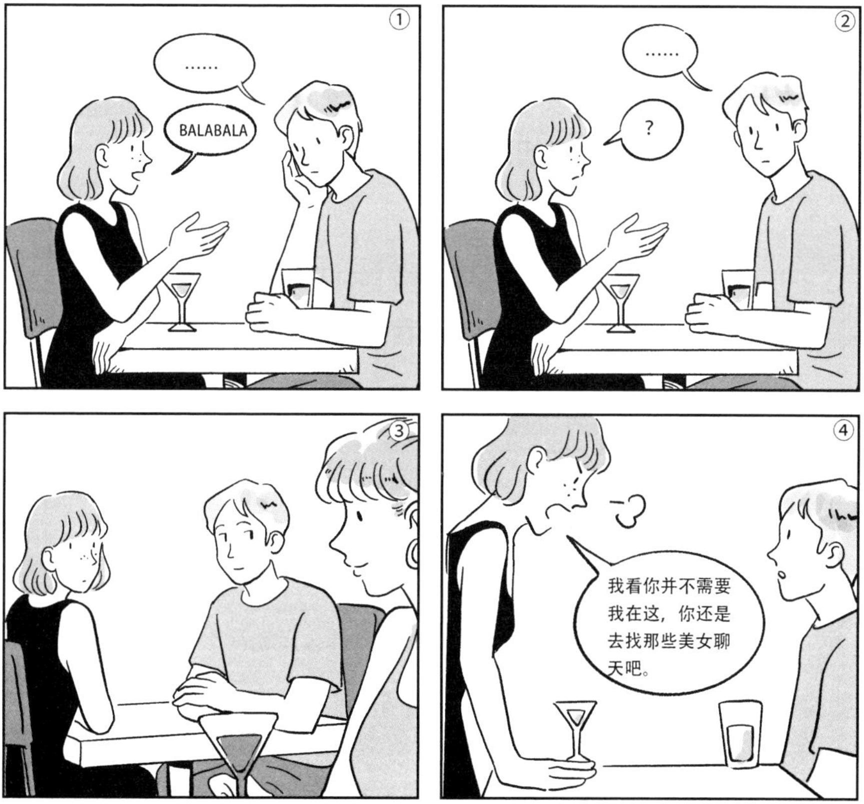
①
……
BALABALA
②
……
?
③
④
我看你并不需要我在这，你还是去找那些美女聊天吧。

女，甚至越过她的头顶，看她身后的美女。我朋友非常生气，觉得自己被冒犯了，她站起身说："我看你并不需要我在这，你还是去找那些美女聊天吧。"

适合初次约会时的聊天话题

- 你和学生时代的好朋友还联系吗？最好的朋友是谁？你一般怎么庆祝生日？你上班是在食堂吃还是出去吃？
- 你在国外留学的时候打过工吗？
- 你老家是哪里的？
- 我有一个弟弟一个妹妹，你呢？
- 你为什么会选择来这个城市工作？
- 你养宠物吗？有什么爱好？最喜欢什么运动？
- 周末的时候你会做些什么？

适合再次约会时聊天的话题

- 真开心和你一起看了这场演唱会,你感觉如何?
- 你上次提到……能告诉我在哪能买到吗?
- 我对……话题很感兴趣,我们俩很多看法都特别接近。周末要不要一起去喝咖啡,我们继续聊这个话题?
- 你说你喜欢当代艺术,正好下周有个艺术展,一直持续到月底。你哪天时间方便,我们一起去看好吗?
- 我记得你说你是_____的粉丝,我也喜欢他,这个周末一起去看他最新的电影怎么样?

我们都有想要分享的故事,但在约会时,最好还是多听听别人分享的故事,带着同理心,认真、积极地倾听,在适当的时候表达一下自己的观点。如果想了解你的约会对象有什么闪光点、是否值得交往,听听他怎么说、说什么,是一个好方法。

还有几点建议:1.保持耐心。约会只是与对方建立连接的机会,你不可能通过一次约会就全面了解对方,然后快速决定是否还要再见面。2. 保持幽默感。你不需要刻意讲笑话（除非你很擅长），但要让自己变得有趣一些。正如一位已故的著名主持人所说："严肃的时间不宜太长。"

约会的智慧

我的许多读者和参加培训的学员和我分享了他们的约会故事，我在这里挑几个有代表性的故事讲讲。

约会心得：关掉手机。

保罗说，他和一位女士在网上聊了一段时间之后，见了第一面。那是一次极其糟糕的约会。两个人还没说几句话，那位女士的手机就响了，她也没说声"抱歉"就走开去接电话。保罗立刻起身离开了。他说："也许我反应过度，但我确实不能接受这种行为，那次之后我没有再见她。我觉得在约会的时候最好关掉手机。"

我的朋友马克也对约会时使用手机表示反感。如果约会对象把手机拿出来，或者更糟糕的是，不停地查看手机，马克就会忍不住讽刺对方几句。

约会心得：谨慎措辞。

这是来自帕蒂的忠告，她给我分享了这样一个故事：

> 我的男朋友罗伯在遇到我之前，同事帮他安排了一次相亲。当时一共四个人，罗伯、罗伯的同事、同事的妻子和罗伯的相亲对象（也是同事妻子的好友）。他们正在聊天的时候，有个女孩从桌边走过，胳膊上有很明显的文身。罗伯说："真不明白为什么有些女孩喜欢文身，毫无美感，让人看了很不舒服。"他后来才知道，他的相亲对象也有文身。

约会心得：学会闭嘴。

吉姆分享他的故事时有点懊恼：

> 朋友给我介绍了一个对象（我挺不喜欢这种方式的），是一位来自曼哈顿的心理医生，专门帮助遭受过性侵的女性和儿童。我答应了见面（真是后悔）。在旧金山一家雅

致的餐厅，我见到了莎拉。落座后，她问我的第一个问题是："你做过艾滋病检测吗？"（这让我想起我刚刚离婚时，有位女性朋友建议我去做个艾滋病检测，她说这会让我更有"市场"。）那一刻我感到很尴尬，但还是试图保持幽默，我建议我们先点一杯饮料，然后我来填写调查问卷。但莎拉一点都不觉得好笑，她冷冷地说："现在是21世纪了，我可不想和一个来路不明的家伙交往。"空气变得有些凝固，我想起了"闭嘴能让你看起来更聪明"这句处世箴言，于是，在之后的一小时内，我不再随便说话，只听莎拉说。她讲了许多关于虐待伴侣、虐待恋人、虐待孩子的报道，最后又讲到心理学家对虐待行为的分析。离开餐厅时，我和莎拉握手，对她说："啊……呃……嗯……今晚真是很不寻常。"让我意想不到的是，莎拉第二天打电话给我，告诉我昨天和我一起吃饭很开心，并问我是否还能再见面。

约会心得：表达观点之前，考虑一下对方的立场。

我姐姐是政治学教授，她给我分享了一个故事，还有得体地结束对话的技巧。

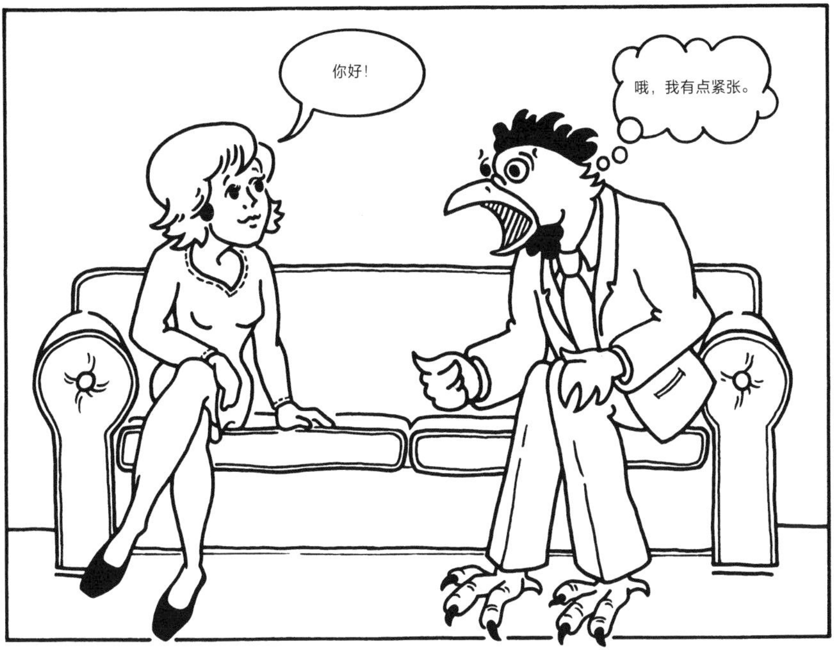
你好！
哦，我有点紧张。

我曾经和一个非常固执己见的男人约会。他从来没有问过我的观点，就假定我在政治、宗教方面的看法与他一致。约会的时候他一直在滔滔不绝地发表他对某个政治事件的看法，贬低那些和他持不同观点的人（包括我）。最后他问我是怎么想的，我说："我不同意你的每一个观点。"用这句话结束对话，你觉得怎么样？

单身并快乐着

如果你能掌握轻松自如地聊天的技巧，你的单身生活会非常精彩。会聊天能帮助你结交新朋友，维系旧友情。多多练习有助于提高聊天能力。可以多去一些需要与其他单身人士交谈的场合，练习得越多，你就越放松。当你熟练掌握聊天技巧后，你会发现和人聊天是很有意思的。不要害怕自己表现得很蠢或者说错话，自嘲是培养幽默感的最佳途径（如果你不太幽默的话），同时会让你显得很有亲和力，不给人压迫感。

三十年前，我在参加读书会的时候认识了凯伦。有一天她对我说，想介绍一个人给我认识。多亏她的热心，我认识了她的牙医史蒂夫，现在他成了我的丈夫。如果你有交友需求，别犹豫，告诉你的朋友，请朋友帮忙牵线搭桥。我们要把每一次对话都当成与人产生连接的机会，不要因为对方不是你喜欢的类型或者和你爱好不同就拒绝和他/她交流。这个人可能会成为你的朋友，并介绍你认识你未来的伴侣。

及时给出反馈、透露个人信息,在对话中保持这样的习惯,后续再注意跟进问题,聊天就会非常顺畅。

第十五章

怎么说话让别人感觉更好

无论你身处多么艰难的时期,都不要忘记多与人联系,好好维护和发展人际关系。无论你是想找一份新工作,还是想建立人脉,获得职位,交到新朋友,给别人留下好印象,都要注意多提供情绪价值,然后就可以享受随之而来的成功了。

如果有人愿意向你诉说不幸的经历，你不仅要仔细倾听，还要感谢他选择你作为倾诉对象，因为这种暴露脆弱的分享能加强你们之间的连接，让你们在对话中找到情感的共鸣。

人们花钱一般有两个目的：解决问题和获得良好的感受。你可能很难快速评估一个牙医的专业水平，但你能立即知道哪个牙医让你感觉更好。也许某个滑雪教练的专业技能没问题，但是你们一起坐缆车上山时他一直板着脸不说话，让你觉得很尴尬，这时你一定很想换一位教练。如果沃尔玛超市和塔吉特超市距离相近，卖场中商品的价格也相差无几，你会去哪里购物？你一定会选择退货更便捷、员工更热情、店面更整洁的那一家——在那里你会更有宾至如归的感觉。

让我们感觉良好的要素存在于生活中的方方面面。你去开家长会时，如果老师能用有同理心的方式而不是批评指责的方式向你反馈孩子的表现，你一定会对这所学校产生好感。同样地，在公司里，那些积极热情、社交能力强的人一定比冷漠而矜持的人更容易被注意到，从而获得晋升，因为前者会让别人跟他在一起时感觉良好。

以下是一些建立融洽关系的技巧，能够帮助你在工作中取得成功。

- **在正式对话的前后加入一些闲聊。**比如准备给客户演示PPT、介绍产品、谈判合同条款时，可以先闲聊几句，然后开启正式的商务对话，对话结束后再轻松地聊几句，拉近彼此的关系。一项针对医生的调查表明，在手术前后花几分钟时间询问病人的家庭状况、工作状况或假期计划的医生，被投诉的可能性要比那些没有这样做的医生更小。让我们面对现实吧——人们一般不会投诉那些对他们表现出关心、关怀的人。

• **表达同理心**。股市大盘上涨了30%，但客户自己选的股票没涨。股票经纪人对他说"你选错了"，显然不如这样说效果更好："股票没涨确实让人沮丧，我能帮你做些什么吗？"这有助于化解负面情绪，让客户感觉更好，客户就不会转而选择另一位股票经纪人。

• **热情地和人打招呼，保持微笑和眼神交流**。一定要争取做那个先打招呼的人，否则别人会认为你目中无人。人们之所以愿意反复光顾同一家餐厅，是因为服务员会用真诚的微笑迎接他们。我和我丈夫都喜欢去一家餐厅，还经常带朋友一起去，因为从服务员到经理都非常热情，给我们带来了极佳的用餐体验。

• **在交谈中提及对方的名字**。这样做更容易让你获得优待。例如，当你打电话核实信用卡账单时，可以这样说："约翰，谢谢你花时间帮我确认。"这会使约翰感觉他的工作很重要，因此他会格外认真地对待你交办的事。如果你不知道某人的名字，请花点时间问一下，然后重复一遍，确保发音正确。永远不要假设你的谈话对象有一个昵称。我的名字是黛布拉，不是黛比。当人们管我叫黛比时，我会很不舒服。虽然这是一件小事，但对我来说是大事。

- **对别人表现出兴趣**。在互联网时代，大家都使用电子邮件和聊天软件交流，所以我们比以往任何时候都更需要"高接触"。当你对顾客／客户／患者／学生的生活表现出兴趣时，你就创造了和他们深入接触的机会。

- **深入探询**。当你和别人交谈时，不要太快结束对话。如果你的客户提到他度假的事，请抓住线索并深入探询。问问他去了哪里，那个地方风景如何，印象最深刻的是什么，他是否还会再去。这样做会让他很开心，说明他的生活很精彩，引起了你的兴趣。同时他也会很享受和你交谈的时光。多问几次"上次咱们聊的那个项目有什么进展吗"，这样他就能知道你真的很关注这个项目。

- **做一个好的倾听者**。这意味着要和对方保持眼神交流，并通过"语言反馈"回应对方，表示你在认真听他说的话。语言反馈包括"是吗？""后来怎么样了？""再多讲讲""那一定很难吧"等等。使用这些句子会让对方感到被认真地倾听了。

- **不要随便给别人提建议**。当你说起工作中遇到的问题时，对方是否会不问你需不需要就给你提一大堆建议？在你整理好简历并准备发送出去的时候，是否会有人告诉你简历太长或太短或太详细或不够详细？这种未收到请求就提供建议的情况经常发生，实在令人恼火。在交谈的时候，尽量不要给别人提建议，只要表达理解就够了，比如"对你来说这段时间真是很难熬"。在对方明确表达请你给一些建议时再提建议。

我在演讲的时候提到过一个例子，可以说明怎样做会让人"感觉良好"。我想在我家附近找一个好点的打印店，于是走进了业务最繁忙的邮局旁边的一家。我进门就看到了一块牌子，上面写着："如果你的材料准备不足，本店无法为你加急处理。"我本来想的是，旁边的邮局业务如此繁忙，应该会有很多人在邮寄重要包裹之前跑进这家店里复印几页文件吧。可现在我觉得，他们不会选择这里，因为这里让人感觉很不好。我又去了街对面的另一家打印店。那里有两块彩色的牌子，其中一块牌子上画着仙人掌，旁边写着几个大字："被卡住了？我们会帮你摆脱棘手的局面。"另一块牌子上画着一个罐头，旁边写着："被困住了？我们会帮你摆脱困境。"你肯定能猜出我对哪家打印店印象更好，更愿意光顾。

无论在什么情况下，都不要忘记共情他人，特别是在艰难时刻，一定要避免这样的对话："你觉得现在很难熬吗？我给你讲讲我经历过什么吧。"当别人诉说不幸的经历时，我们说自己的事本意是想安慰他，但这样的说法可能无意中否定或贬低了他所经历的痛苦。如果回答"是，我知道……"，也会显得不耐烦或疏远。回想一下你与朋友或家人的对话，当他们表达失落、沮丧的情绪或者抱怨某些事情时，虽然你从未亲身经历过，你仍然会回答："是，我知道那种感觉。"你可能出于本能想表示你的理解，但对于正在分享感受的人来说，这样的回答可能令他们非常失望。你可以这样说："你一定很难过吧！"或者："你负担太重了，有什么能帮你的吗？"

如果有人愿意向你诉说不幸的经历，你不仅要仔细倾听，还要感谢他选择你作为倾诉对象，因为这种暴露脆弱的分享能加强你们之间的连接，让你们在对话中找到情感的共鸣。

如果你还没有和他人产生连接，可以使用一些小技巧推进，比如通过语言反馈鼓励朋友、家人、同事或客户继续讲下去："你当时是什么感觉？""接下来发生了什么？""原来是这样啊！"

关于加强人际关系的其他建议如下所示：

- 关注那些不像你那么活跃的人、彼此没有交谈过的同事或者没有说过话的邻居。主动与他们联系，如果时间允许，最好每周联系一到两个新朋友。孤独是当今社会的普遍现象，但许多人羞于承认。如果看到你的同事、邻居或客户很少与人交流，你可以主动帮助他们走出困境，让他们知道，无论发生什么，都有人愿意倾听。
- 参加会议前做好功课，努力记住参会者的个人信息。
- 用好通讯录。给不熟悉的人加上备注，在打电话或发邮件之前快速浏览一下他的信息，以保证不会出错。

无论你身处多么艰难的时期，都不要忘记多与人联系，好好维护和发展人际关系。

无论你是想找一份新工作，还是想建立人脉，获得职位，交到新朋友，给别人留下好印象，都要注意多提供情绪价值，然后就可以享受随之而来的成功了。

| 第十六章 |

别让不会说话毁了节假日聚会

不要多管闲事,不要评判别人,不要自作聪明,更不要对与你无关的事情指手画脚。

当众评判别人是很不礼貌的。如果一定要对别人的习惯指手画脚,那就私下跟他说吧!哪怕你是善意的提醒,如果你的话很不顺耳,别人也通常不会接受。

每年都有许多节假日，不可避免就要有家庭聚会或朋友聚会，这也许意味着欢乐温馨的一天，但也可能是极为尴尬别扭的一天。有些聚会是我们期待的，有些是必须参加的，还有一些是伴侣强迫我们参加的，比如与伴侣家人的聚会。

节假日聚会时容易踩雷的十大话题

1. "你们两个打算什么时候结婚？"全世界的妈妈似乎都有同样的想法，认为约会时间足够长了就应该结婚，可是现在的年轻人未必遵循这个规律。对于已经结婚的年轻人，妈妈们的问题往往就会变成："你们什么时候要孩子？"请不要再问类似的问题了。如果年轻人有确定的想法，一定会第一时间向父母宣布的。

2. "我听说埃里克被西北大学录取了，可他为什么后来选择去密歇根州立大学了呢？"也许是因为现在经济不景气，有些人就不想去读私立学校了。不要打听别人的私事，尤其是财务状况。

3. "不，我不喝，谢谢。你喝酒太多，对肝脏不好。"当众评判别人是很不礼貌的。如果一定要对别人的习惯指手画脚，那就私下跟他说吧！哪怕你是善意的提醒，如果你的话很不顺耳，别人也通常不会接受。

4."你们原来住的大房子多漂亮啊,为啥要卖了搬到这里来呀?"通货膨胀、疫情和失业给很多人带来了财务危机,这样的事不只出现在新闻里,也发生在我们身边。记住妈妈常说的话:"如果你没有什么好话要说,那就闭嘴!"

5."你买的那只股票好像又跌了。"同上,如果你没有什么好话要说,那就闭嘴,不要哪壶不开提哪壶。

6."你怎么吃那么多呀!""你为啥一口都不吃?"有些人喜欢在聚餐时大快朵颐,而有些人有节食的习惯,会克制自己少吃东西。所以,不要管别人吃或不吃,吃得多或吃得少,你自己吃好了就行。此外,你的确很辛苦地花心思准备了甜品,但这并不意味着别人都必须享用。吃或不吃,都是个人选择。

7."我知道你当了妈妈以后想多陪孩子,可是不出去工作能行吗?"无论别人是全职在家带孩子还是外出工作,都是个人选择,我们应该尊重她的选择,同时对她的生活表达真正的关心:"在家带孩子很不容易吧,有什么困难吗?""你这一天都是怎么过的?""除了照顾孩子,你还会做些兼职吗?"

8."看你那衬衣皱的,怎么出门前也不熨一下?"放过他吧,他的优先事项和你的不同。

9. "你儿子跟你长得一模一样,你女儿怎么看起来完全不像你?"如果你对别人并不知根知底,贸然询问私人情况不太合适。其他的例子包括:"你儿子毕业了吗?考到哪了?""你男朋友是做什么的?""你怎么一下子瘦了这么多?"

10. "这道菜是你自己做的还是你买半成品加工的?"你问这个问题可能是因为你真心想知道如何做这道菜,但会让主人感到尴尬。更好的做法是,吃完饭以后私下找主人要食谱。如果这是用半成品加工的,主人会在那时告诉你。

总的原则就是,不要多管闲事,不要评判别人,不要自作聪明,更不要对与你无关的事情指手画脚。

那些能把天聊死的问题

1. "你结婚了吗?"或者"你有孩子吗?"如果对方回答"没有",那么你接下来要说什么?

2. "你在 XX 公司的工作怎么样?"除非你真的很了解这个人,否则不要做任何假设!不要用这类问题让他为难(也许他刚被辞退）。

3."你夫人最近怎么样？"（也许你的朋友刚刚离婚，妻子带走了所有的钱、房子还有孩子。）

4."圣诞快乐！圣诞节你打算怎么过？"（并不是每个人都喜欢庆祝圣诞节。）

5. 无论如何都要避免问的问题："你说的都是真的吗？"

节假日与家人聚会，也许很愉快，也许会令人心累。如果能掌握并运用聊天技巧，就能让你跟家人度过一段开心时光，避免不舒服的对话，增进彼此之间的感情，维护好家庭关系。毕竟，任何关系——工作或社交——都是从聊天开始的。

①
—你有孩子吗？
—我还没结婚。

②
—你在XX公司的工作怎么样？
—我最近辞职了。

③
—你夫人最近怎么样？
—我们正在申请离婚……

④
—圣诞快乐！圣诞节你打算怎么过？
—一到节日我妈就开始催婚，实在是烦。

如果你没有什么好话要说，那就闭嘴，不要哪壶不开提哪壶。

第十七章

从"社恐"变成"社牛"的秘诀

从现在开始,你就是一个"社牛","会说话"是你天然的优势。如果想提高说话水平,秘诀只有一个:多多练习。

如果有人问我最近过得怎么样，我不会回答"还行"，而是会给他讲讲最近发生的一些新鲜事。

说到"说话"这个话题,我想起了童话《绿野仙踪》中的魔法师奥兹。当小女孩多萝西和狮子、铁人、稻草人找到奥兹时,发现他是个骗子,根本没有能送他们回家的法力。但他告诉他们,他们已经拥有自己一直在追求的东西,现在需要做的就是要勇敢、有爱心、变得更聪明。魔法师只能给他们祝福,他们要自己磨炼技能。

读完这本书,你也已经掌握说话的技能了吧?我没有什么神奇的魔法,只要你多多练习这本书中讲授的技能,就能看到奇迹的发生。

> 我用自己从书呆子到社交达人的经历告诉你,有朝一日,你也能撕下"社恐"的标签,轻松自如地和人聊天,不再害怕任何聚会、会议以及需要与人交谈的场合。

从现在开始,你就是一个"社牛","会说话"是你天然的优势。在你遇到对话困境时,可以把本书中列举的技巧和窍门作为通常情况下的解决方案。如果想提高说话水平,秘诀只有一个:

多多练习。我听很多人说起过学会说话给他们的生活带来的巨大变化，比如：佛罗里达州的一位男士鼓起勇气主动约会一位女士，现在他们已经结婚了；俄亥俄州的一位女士被提升为公司中西部地区的销售主管。

如果你在这个过程中遇到了困难，请不要放弃。美国前总统卡尔文·柯立芝曾经说过："世上没有什么能代替坚持。才华不能代替，拥有才华却没有获得成功的人比比皆是；天分不能代替，世上根本没有怀才不遇这回事；教育不能代替，世上到处都是受过教育的无业游民。坚持和毅力才是更有力量的。'向前进'这句口号能解决人类的问题，而且会一直解决问题。"

先找你的家人、朋友练习，当你有了自信时，再找商业上的合作伙伴和其他经常见面的人练习。你可以有意识地多出入社交场合，加入志愿者组织或俱乐部。在工作中，多参加一些可以与不同的人合作的项目。当你和有相同爱好、相同职业的陌生人相处时，你会发现大家很容易就能聊起来。

现在，再来回答一下这个社交水平测试，看看你是否有进步。希望你能够成功进阶。如果你还不是"社牛"，不妨先假装自己是，装着装着，你就有了自信，再加上坚持不懈地练习，你一定能成为真正的社交达人。

社交水平测试

请对下列问题回答"是"或"否"。

1. 我今年至少参加过一次社交活动，目的是寻找新的合作伙伴、发展新客户或结交新朋友。

☐是 ☐否

2. 在和别人交谈的时候，我会把握"轮流发言"的原则，既不会唱独角戏，也不会沉默不语，因为这样才能更多地了解别人，同时也让别人了解我。

☐是 ☐否

3. 在过去的一年中，我利用我的人脉帮助至少两个人找到了新工作、发展了潜在的客户、认识了男朋友／女朋友。

☐是 ☐否

4. 我每个月至少参加两次线上或线下活动，因为我想多认识一些人，比如同行或者有共同兴趣的人。

☐是 ☐否

5. 别人对我很友好，我也会对他友好。不过，我不会等到别人示好之后才对他表示友好。

□是 □否

6. 如果有人问我最近过得怎么样,我不会回答"还行",而是会给他讲讲最近发生的一些新鲜事。

□是 □否

7. 在会议、聚会、招聘会这样的场合,我会主动向陌生人介绍自己,离开时至少知道三个新认识的人的名字。

□是 □否

8. 参加线上会议时,我不会关闭摄像头,除非有特殊情况不允许视频。我会展现积极的肢体语言,和大家保持眼神交流,同时认真倾听别人的发言。

□是 □否

致谢

有段时间我想找个兼职，一则招聘信息吸引了我。有家培训机构招聘老师，培训主题是"说话技巧"。虽然我没有任何经验，也并不掌握关于"说话"的专业知识，但通过努力学习，与学员们接触，听取他们的评价和建议，我获得了很多信息和经验。这些来自各行各业的成年学生告诉我，他们都很需要学习说话。他们也教会了我如何学习。有成千上万的管理者、销售人员、律师、工程师、银行家和大学生报名参加了培训班。通过培训经历，我又拥有了更多的听众。正是在他们的帮助下，我创作了这本书，非常感谢他们，也感谢每个人坚持不懈地学习。

感谢阿歇特出版公司对我的认可。《总有话说》于 2005 年首次出版，书中的许多说话技巧需要随着时代发展进行升级和更新。全新修订的第二版为我提供了再次服务全球读者的机会，希望能和大家共同进步。